Adolf Foglar

Grillparzer's Ansichten über Literatur, Bühne und Leben

Aus Unterredungen

Adolf Foglar

Grillparzer's Ansichten über Literatur, Bühne und Leben

Aus Unterredungen

ISBN/EAN: 9783845743134
Erscheinungsjahr: 2012
Erscheinungsort: Bremen, Deutschland

www.unikum-verlag.de | office@unikum-verlag.de

Adolf Foglar

Grillparzer's Ansichten über Literatur, Bühne und Leben

Aus Unterredungen

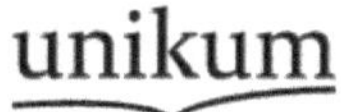

Grillparzer's Ansichten

über

Litteratur, Bühne und Leben.

Aus Unterredungen

mit

Adolf Foglar.

Zweite und vermehrte Auflage.

Stuttgart.

G. J. Göschen'sche Verlagshandlung.

1891.

Vorrede

zur ersten Auflage.

Indem ich diese Aufzeichnungen der Oeffentlichkeit übergebe, glaube ich den zahlreichen Verehrern des dahingeschiedenen Dichters und Patrioten, sowie einem künftigen Biographen einen dankenswerten Dienst zu erweisen, einen Dienst, der nicht ohne Opfer von meiner Seite ist, denn ich entäußere mich hiemit eines mir seit Jahren lieb gewordenen, geheim gehüteten Privatbesitzes.

Seit dem ersten Tage, als ich (am 5. Dezember 1839) Grillparzer kennen lernte, bis in die jüngste Zeit habe ich sein Zimmer stets mit weihevoller Ehrfurcht betreten und belehrt und erhoben verlassen. Eine solche Stimmung ist geeignet, das in die Seele Aufgenommene zu bewahren.

Ich darf verbürgen, daß hier nicht nur der Inhalt, sondern auch die Worte getreu wiedergegeben sind. Wer Gelegenheit hatte, mit Grillparzer öfter zu verkehren, wird in diesen Aufzeichnungen seine eigentümliche Redeweise, seine Anschauungen und Meinungen erkennen.

Die Lücken in den „Unterredungen“ berühren teils noch lebende, teils unseren Zeitgenossen bekannte verstorbene Personen in einer Weise, daß ich mich verpflichtet fühle, solche mir zuweilen mit dem ausdrücklichen Beisatze: „Das sag' ich nur zu Ihnen" von Grillparzer gemachte Aeußerungen zu unterdrücken, einmal um sein Vertrauen nicht zu mißbrauchen, und dann um niemanden zu verletzen. Doch gilt diese Ausnahme nur für Mitteilungen über Personen; Urteile über die Werke und das Wirken von Männern der Oeffentlichkeit fand ich nicht auszuschließen.

Doch behalte ich mir vor, zu günstigerer Zeit auch das zu veröffentlichen, was jetzt aus mancherlei Rücksichten unterdrückt werden mußte.

Endlich blieb auch hinweg, was nur auf die Bestrebungen, Irrungen und Schicksale des „österreichischen Wilhelm Meister" (wie Grillparzer mich scherzweise zu nennen pflegte) Beziehung hat.

Als Beweis, mit welch liebenswürdiger Teilnahme Grillparzer strebende Talente belehrte und ermunterte, diene der angeschlossene Brief an einen frühverstorbenen jungen Dichter.

Auch seine an mich gerichteten Briefe zeigen den edlen Charakter des seltenen Mannes, der, oft verkannt und tief verletzt, doch immer zur Entschuldigung anderer bereit war. Zugleich mögen diese Briefe mich, dem Publikum gegenüber, über mein Verhältnis zu Grillparzer legitimieren.

Vorrede
zur zweiten Auflage.

Beinahe zwei Jahrzehnte sind verflossen seit dem Erscheinen meiner Aufzeichnungen über Franz Grillparzer, und die erste Auflage ist im Buchhandel längst vergriffen. Von vielen Verehrern des Dichters wiederholt und dringend aufgefordert, eine zweite Auflage zu veranstalten und diese mit jenen Zusätzen zu vermehren, die ich in der ersten in Aussicht gestellt hatte, komme ich diesem Wunsche hiemit nach — doch nicht im vollen Maße. Denn auch heute kann ich noch nicht alles bieten, was ich besitze. Die Schuld davon liegt nicht an mir, sondern an den Zeitverhältnissen. Noch immer hat die schönste Mutter das häßlichste Kind — das heißt: veritas odium parit. Was hier fehlt, mag einmal gedruckt werden, wenn ich außer dem Publikum und mir sonst keinem Richter darüber Rechenschaft zu geben haben werde.

Daß ich am Schluß eines meiner Gedichte anfüge, dafür wird sich, wenn auch nicht in seinem inneren Werte, doch vielleicht in meiner Verehrung für Grillparzer einige Entschuldigung finden.

Diese Aufzeichnungen sind keine akademische Schrift und wollen auch nicht als solche gelten, sondern bloß zur Kenntnis Grillparzers einiges beitragen. Und ihn kennen, heißt ihn verehren.

Im Frühjahr 1891.

Adolf Foglar.

Am 5. Dezember 1839.

Ich fand den Dichter eben mit ämtlichen Arbeiten beschäftigt, im Gespräch mit einem Beamten, der sich bei meinem Eintritte entfernte. Nach gegenseitiger Begrüßung übernahm er das Manuscript eines Dramas „Cosimo von Medici“ aus meinen Händen und bemerkte:

„Ja! Sich mit Poesie zu beschäftigen, ist, besonders in dieser prosaischen und miserablen Zeit, sehr edel, doch nicht rätlich, sich in unseren Staaten ganz der Literatur zuzuwenden.

„Ich werde Ihnen meine Ansicht darüber aufrichtig mitteilen.“

Ich: „Ich bitte, ein strenges Urteil zu fällen.“

Grillparzer: „Nein! Mir wird dabei ängstig; denn ich fürchte immer ein Talent zu unterdrücken. Ich weiß das aus Erfahrung. Ich fing etwa zehn Jahre später an als Sie, mich ernstlich auf Poesie zu verlegen, weil mir Jemand, dem ich Kennerschaft zuschrieb, abgeraten hatte. Auch ist nichts so schwierig für den Dichter und Beurteiler, als das Drama in Deutschland. Ausgenommen Halm, Bauernfeld im Lustspiel und Raupach —“

Ich: „Man lobt auch Grabbe —“

Grillparzer: „Er ist gestorben! Er hatte mehr Genie, und ich glaube, Talent sei doch auch erforderlich.“

Ich: „Ich kenne seine Werke noch nicht. Ich hörte ihn nur loben."

Grillparzer: „So kennen Sie seine Werke nicht? Da fällt mir ein Stein vom Herzen! Ich fürchtete schon, Sie hätten ihn vielleicht in seiner Formlosigkeit nachgeahmt. — Man liest zu viel. Schiller und Goethe sind uns einzige Muster. Konnten sich solche Geister in die Form beugen, warum nicht wir? Darin besteht ja nicht die Genialität. — Sie studieren noch?"

Ich: „Ja."

Grillparzer: „In Ihrem glücklichen Alter ist man mehr subjectiv und wird im Drama leicht zu lyrisch; außer man findet einen solchen Stoff, wo man sich, wie man es fühlt, aussprechen kann, ohne in jenen Fehler zu verfallen. — Nun! Sie wählten die Zeit der Medicäer. Diese war eine poetische; denn manche Abschnitte in der Geschichte sind wahrhaft prosaisch. — Hatten Sie die Darstellung auf der Bühne vor Augen?"

Ich: „Nein; denn ich weiß, wie schwer es ist, ein dramatisches Werk auf eine gute Bühne zu bringen."

Grillparzer: „Nun, das ließe sich schon machen. Doch ist es ratsam, das Theater zu berücksichtigen, weil da manches Schwankende hinwegfällt; nur nicht den Schauspieler, sonst wird es eine alltägliche Handwerksarbeit. — Die Aufführung ließe sich bewirken. Wir haben ja nicht so viele Stücke, und neue, besonders gute, mangeln. — Mich freut es, wenn ich zu Ihrer Vollendung etwas beitragen kann. Leben Sie wohl!"

Am 30. Dezember 1839.

Nach einer sehr eingehenden, aufmunternden Beurteilung meines Trauerspiels fuhr Grillparzer fort:

„Endlich ist die Aufführung zu wenig berücksichtiget. Der junge dramatische Dichter soll sich in das Parterre versetzen und zuschauen im Geiste, ob eine Person rechts oder links zu stehen kommt? ob sie die oder die Hand hebt oder senkt? sitzt oder steht? ja, so zu sagen, jeden Knopf am Kleide derselben sehen. Durch eine solche lebhafte Vergegenwärtigung muß das Werk gewinnen. Wenn ein Drama nicht auf die Bühne kommt, so ist es meistens darin verfehlt, daß man es sich nicht rein vorstellen könnte. Goethe sagt recht bezeichnend in seinen hinterlassenen Schriften: „Das Drama ist Gegenwart." Handlung will man. Das Drama ist nicht ein See, wie Viele meinen, sondern ein Strom — ein Conflikt von Leidenschaften. — Man wähle einen Stoff, wo alle Strahlen in Einen Punkt zusammenführen. Was nützt es, wenn ich die ganze Wand bemale? Dann habe ich wohl Bilder, aber kein Bild. Das Drama muß eben ein Bild sein; man muß es überschauen können. Man spricht jetzt in Deutschland, daß eine neue Poesie aufkomme in unserer Zeit. Das finde ich lächerlich. Wer soll denn diese neue Poesie erfunden haben? Alles hält sich an Theorien, die sich schon dadurch als unzureichend bewähren, daß die besten Köpfe nichts darnach hervorbringen können.

So geht es unserem talentreichen Immermann; er ist klug genug, das einzusehen und wirft sich jetzt auf den Roman und die Novelle. — Ich weiß zwar, daß man heutzutage sehr für die Historie stimmt, und Raupach's Tragödien haben dazu beigetragen. Dieser Dichter, der sonst so große Wirkungen hervorbringt, befriedigt in den Hohenstaufen nicht.

Durch Raumer's Geschichte der Hohenstaufen kann man eben so begeistert werden, als durch Raupach, der sie in

Fragen und Antworten gebracht hat. Begeistert kann man durch Wissenschaft auch werden. Ein mathematischer Satz, wenn man ihn durchdrungen hat, kann begeistern. — Aber man darf der Geschichte nicht die Poesie zum Opfer bringen. Shakespeare's Geist gehört zu einem historischen Drama. Und selbst im Heinrich IV. (dessen erster Teil noch von der halben Welt dem Shakespeare abgesprochen wird) interessiert uns wohl mehr das Komische als das Historische, so viel auch Tieck darüber predigt. Tieck ist ein sehr geistreicher Mann, aber er konnte doch selbst in seinen Dramen keine Vereinigung nach dem Mittelpunkt treffen. Auch sind es ja nicht die historischen Schauspiele, welche Shakespeare den großen Ruhm verschafften, sondern mehr Lear, Hamlet, Macbeth ꝛc., wo er sich den Henker um die Geschichte kümmerte! — In Goethe's Egmont bildet wohl der große Befreiungskampf den Hintergrund; aber wie schön tritt der Held in der Episode mit Klärchen hervor! — So schimmert durch Schiller's Wilhelm Tell auch die Befreiung der Schweiz; aber Tell ist doch eigentümlich und individualisiert und der Mittel- und Haltpunkt des Ganzen. — Und wer weiß, ob Wallenstein nicht noch gewonnen hätte, wenn der Dichter bloß den letzten Teil, Wallenstein's Tod, bearbeitet hätte, was auch, wie viele behaupten, die ihn persönlich kannten, sein Plan gewesen sein soll.

Die nordische und böhmische Geschichte hat noch viele Helden, die nicht bearbeitet wurden. — Carl XII. ist zwar in gewisser Hinsicht ein großer Charakter, doch auch wieder so voll Launenhaftigkeit und Starrsinn bis zur Verzerrtheit, daß ich fürchte, es würde zu wenig Gefühl und Teilnahme hineinkommen."

Am 2. Februar 1840.

„Ich muß diesen Sommer eine größere Reise der Gesundheit wegen unternehmen; denn wer sich mit Literatur beschäftigt, ist genötigt, sich anderseits zu erholen; in der Sache selbst findet er in Oesterreich keine Erholung. Ueberhaupt ist jetzt in Deutschland ein polnischer Landtag!"

Am 11. Februar 1840.

„Der Stoff zu einem Trauerspiele Carl XII. ist einer von denen, wo Alles auf die Ausführung ankommt und wo man nicht im voraus das Gelingen oder Mißlingen bestimmen kann — so wie bei dem, der fragte, wie weit es nach Athen sei und wie lange er dahin brauchen würde? und der zur Antwort erhielt: „Geh!"

Carl war nur ein wilder Kerl, freilich ein ehrlicher, aber anderen Menschen so unähnlich und so excentrisch, daß zu wenig menschliches Handeln bei ihm erscheint. Ich muß gestehen, wenn ich diesen Stoff zur Aufgabe bekäme, ich wüßte nicht, wie ich ihn behandeln sollte. — Er scheint mir nicht geeignet, einen jungen Dichter beim Publikum einzuführen. Das Historische gehört für spätere Jahre, wo man des Stoffes Herr werden kann. Ein Anfänger aber wird nicht früher sein Glück machen, als bis er einen Stoff findet, worin er seine Subjektivität aussprechen kann. So haben es Schiller und Goethe gemacht, freilich jeder nach seinem Temperament. Ich weiß wohl, man ist jetzt für das Historische sehr eingenommen. Aber selbst Shakespeare's Heinrich IV. kann nur Engländer interessieren, und nur Shakespeare konnte sich so vieles erlauben, weil er einen so bewunderungswürdigen Geist darüber zu verbreiten wußte. Aber das können wir nicht, die wir — wir sind.

Ueberhaupt ist man gewohnt, an Shakespeare alles für musterhaft zu halten. An ihm als Ausnahme kann es gelten, aber wir dürfen es nicht nachahmen, z. B. die Prosa zwischen Versen, die komischen Scenen in Tragödien. Ich würde das keinem raten, dessen Komik nicht von echter Art ist. Die Prosa zwischen Versen noch eher; es ist nun einmal da! aber Schiller und Goethe haben es nicht gethan. — Hierüber hat Schlegel den Shakespeare sehr geistreich verteidigt, aber es ist leicht einen Mann zu verteidigen, den man allgemein bewundert.

Ich würde immer die Jamben den Trochäen vorziehen, denn der vierfüßige Trochäus ist zu kurz, um einen vollen Satz auszusprechen, und längere werden matt. Man nimmt daher gewöhnlich zwei zusammen, aber meistens kommt eine breite, geschwätzige Diction zum Vorscheine. —

Das italienische Mittelalter ist auch reich an schönen Stoffen und zugleich kann man da wegen der damals schon blühenden Kultur neuere Ideen und Ansichten hineinweben. Aber am Ende erfinde man sich einen Stoff! denn Geschichte ist Wirklichkeit, und Wirklichkeit ist Prosa. Schiller's Wallenstein ist auch historisch; aber der Dichter hat die Thekla und den Max erfunden. So fand Goethe in der Geschichte einen Egmont mit elf Kindern. Was konnte er damit anfangen? Er nahm ihn unverheiratet an und erfand ihm das Klärchen.

Goethe sagt selbst recht bezeichnend: „Was macht Ihr die Welt? Sie ist schon gemacht!"

Der Tod Albrecht I. wäre ebenfalls ein schöner Vorwurf, aber warum sollte man etwas bearbeiten, wenn man voraus weiß, daß man sich damit nur Verdrießlichkeiten zuziehen würde?"

Am 16. November 1840.

„Vielleicht, wenn ich Weib und Kind hätte, gäbe mir das einen Impuls zu poetischen Arbeiten, dann wüßte ich doch, für wen ich arbeite.“

Am 21. Jänner 1841.

„Nun bin ich 50 Jahre alt, und ruhe, wenn auch nicht auf meinen Lorbeern, doch auf meiner faulen Haut aus. Ich habe mir bei 24 Stoffe aufgeschrieben, aber es kommt zu nichts. Wenn ich Weib und Kind hätte, müßte ich schreiben. Ich fühle den inneren Drang nicht mehr. Was liegt am Ende daran, ob ich noch ein Stück schreibe? Es freut mich nicht. Was mich freuen würde, kann ich doch nicht erreichen.“

Am 5. März 1841.

„Wir dürfen uns auf unsere Landsleute nicht viel einbilden. Zwar kann man ihnen Universalität nicht absprechen; aber sie sind bloße Theoretiker und Grübler und — vom Drama verstehen sie nichts. Nu —! sehen wir, daß wir's besser machen.“

Am 26. Juli 1841.

„Leute mit poetischen Anlagen sind selten große Schauspieler geworden. — Ich achte einen Livréebedienten mehr als einen Komödianten. Was mich gegen diesen Stand so einnimmt, ist die Ueberzeugung, daß dabei mehr oder weniger der persönliche Wert verliert, da der Schauspieler gezwungen ist, um den Moment zu buhlen und seine Eitelkeit herauszustellen. — Es ist dieses der schrecklichste Stand, vollends in Deutschland, wo es kein Theater und kein

Publikum giebt; in Wien ist beides, aber auch eine Censur. — Ich selbst fühlte ehemals eine Lust dazu, aber, was Teufel! muß man denn jeder Lust folgen? Am Ende ist es eine Leidenschaft, wie man sich oft einbildet, ohne das und das Frauenzimmer nicht leben zu können. Es ist nicht wahr."

Am 24. Oktober 1841.

„Das Lesen, besonders von Geschriebenem, fällt meinen geschwächten Augen sehr schwer, da ich in meiner Jugend oft beim Mondenlicht lesen mußte; denn meine Dürftigkeit gestattete mir nicht den Ankauf von Kerzen. — Unter anderem brachte mir vor kurzem ein Ungar, der elend deutsch sprach, sein deutsches Lustspiel zum Durchlesen!"

Am 27. Februar 1842.

„Da ich in früheren Zeiten mich oft in den höchsten Cirkeln bewegte, habe ich endlich doch sehr gefühlt, daß es mir an freier Haltung und Bewegung fehle. Im Unmut darüber habe ich dann den Daumen und Zeigefinger jeder Hand bis zum Schmerzlichen zusammengepreßt — wornach immer die Haltung der Arme leicht und ungezwungen wurde. Dieser Zufall könnte einem jungen Schauspieler als ein Wink dienen."

Am 6. März 1842.

„Ich dachte just, es wäre doch gut, wenn ich wieder einmal etwas schriebe, und da entdeckte ich, daß ich keine Tinte mehr im Faß habe!

Mein beständiges Kopfübel muß ich der übergroßen geistigen Anstrengung in der Entwicklungsperiode zuschreiben. Dies in Vereinigung mit körperlicher Schwäche und ungünstigen Verhältnissen in jenen Jahren läßt für's ganze Leben einen Eindruck zurück.

Ich vollendete mehrere Arbeiten, die ich jedoch nicht für den Druck bestimme; denn sie behandeln meist persönliche Verhältnisse, zu welcher Art von Gedichten ich mich jetzt sehr aufgelegt fühle. —"

Am 8. August 1842.

„Die Leute im Theater sind wie ein Rudel Schulknaben, denen man immer zurufen muß: „Aufgepaßt!" und die uns jeden Augenblick zu entschlüpfen suchen. Da aber das französische Publikum das leichtsinnigste ist und daher die Dramatiker dieser Nation von jeher alles aufbieten mußten, die Sammlung zu erhalten, so bleiben sie für uns stete Muster in der Form; im Geist hingegen die Engländer und Spanier. Shakespeare, Calderon, Lope de Vega hatten hungerige, — wir haben gesättigte Zeitgenossen. Die Leute wollen nicht mehr denken und ausharren; darum lieben sie die Romane so sehr. —

Der dramatische Dichter soll nach Effekt ringen, denn Effekt heißt Wirkung, und Jeder, der etwas macht, will etwas bewirken.

Schiller hatte in den Stücken vor Don Carlos mehr Charakteristik entwickelt, z. B. im alten Miller, Fiesco, Mohren, als später. Nur in den Räubern erscheinen geträumte Personen. Besonders ist Fiesco noch nicht genug anerkannt, die Episode mit Bertha ausgenommen. Seit Don Carlos verschwindet die scharfe Charakterzeichnung vor den melodischen Versen und goldenen Sprüchen."

Am 29. August 1842.

„Die deutsche Poesie heutigen Tages ist mir noch verächtlicher als die Censur. Was soll denn diese Begriffspoesie und diese ewigen Freiheitslieder? Mit ihrer miserablen

Freiheit! Wenn sie einmal Courage haben, werd' ich ihnen auch etwas singen. Besonders den Baiern, die durch die Franzosen groß geworden sind, steht diese Deutschtümelei übel an. Wenn es ihnen um die gemeine Sache ernst ist, so sollen sie an die anderen kleinen Fürsten das zurückgeben, wodurch sie sich bereicherten. —

Uhland's Dramen schätze ich ungemein hoch, sie sind alle voll edler Gesinnungen. Ich halte sie den besten des Lord Byron gleich. Doch zweifle ich, daß er für die Bühne ein großer Dramatiker geworden wäre. Er ist jetzt leider! sehr studios geworden, treibt nordische Mythologie, wozu ihm doch die Trockenheit fehlt, die ein eigentlicher Büchermensch braucht. Indeß — beschäftigen will er sich doch! Seit er in der Kammer dem König mißfiel, kommt er nicht mehr nach Stuttgart, und wurde auch nicht in die Walhalla aufgenommen. Diese mag lächerlich genug aussehen. Lauter Köpfe! Wie ein Friseurladen! Ein großer Fehler ist es, daß auch Lebende aufgenommen wurden und — nach Laune. Der Vorwurf, Luther ausgeschlossen zu haben, ist wohl zu streng. — Ich denke den September auf einer Reise zuzubringen und München zu besuchen. Jetzt sind keine literarischen Notabilitäten dort, die man durch verabsäumte Visiten beleidigen könnte."

Am 9. September 1842.

„Ich habe die projektierte Reise aufgegeben. Meine Gesundheit ist nicht die beste. —

Obgleich es mich stets freut, wenn ein neues Stück gefällt, so ist es mir doch lieb, daß „Richard Savage" von Gutzkow wenig Beifall fand, aber nur insofern dies ein Beweis ist, daß unser Publikum (in Wien) durch so herbe Dichtungen nicht angesprochen wird. —

Metastasio liebe ich sehr, obwohl er als Italiener etwas zu weich ist; aber soll denn nur das Lümmelhafte in der Tragödie schön sein, wie man jetzt in Deutschland meint?"

Am 30. Oktober 1842.

„Ich fühle wieder einige Lust zu poetischen Arbeiten und hoffe, dieser Winter wird fruchtbarer sein als die letzten. Nur schwanke ich noch zwischen mehreren Stoffen, die alle gleich weit gediehen sind, aber schon vor 8 bis 10 Jahren begonnen wurden. Seit jener Zeit haben sich meine Ansichten so sehr geändert, daß ich fürchte, das Neue möchte schlecht zu dem Früheren passen. Anfangs habe ich historische Stoffe eigens schwunghaft aufgefaßt; dann, einige Zeit hindurch, hat mich das eigentlich Historische an ihnen mehr angezogen, und jetzt finde ich wieder wenig Geschmack daran. —

Meine Uebersetzung einiger Szenen aus Calderon's „Leben ein Traum," welche Deinhardstein insgeheim hatte drucken lassen, bewirkte, daß West (Schreyvogel) meine Bekanntschaft suchte und mich zu Arbeiten für die Bühne ermunterte. Ich bedauere alle jungen Dichter, daß sie West's Unterstützung nicht mehr genießen, welcher trotz mancher Fehler dennoch Kenntnis und Kunstliebe in ungewöhnlichem Grade verbunden hatte. —

Mein Trauerspiel „Ottokar" war zwei Jahre lang mit Verbot belegt, bis ein Zufall die Aufführung veranlaßte. Während einer Unpäßlichkeit verlangte die Kaiserin, der damals noch lebende Collin solle ihr etwas Dramatisches vorlesen. Er nannte mehrere Stücke, welche ihr aber schon bekannt waren. Endlich brachte er aus dem Burgtheater-Archiv unter Anderem den „Ottokar" und las ihn vor. Die Kaiserin erstaunte, wieso man hier verbietend einschreiten konnte, wo der Ruhm des regierenden Hauses vertreten war, und setzte bei ihrem Gemahl die Darstellung der Tragödie durch, ohne daß auch nur Ein Wort wäre gestrichen worden. —

Der „treue Diener seines Herrn" wurde mit großem Beifalle gegeben. Gleich am ersten Abende ließ der Kaiser mir seine a. h. Zufriedenheit bezeigen, — aber am folgenden Morgen wurde ich zum Polizeipräsidenten berufen, um mit ihm über die Bedingungen zu unterhandeln, unter denen ich gegen mein Ehrenwort versprechen sollte, dieses Werk weder drucken, noch irgendwo aufführen zu lassen. Natürlich fügte ich mich einem solchen Begehren nicht!"

Am 20. November 1842.

„Kleist's „Käthchen" und „Prinz von Homburg" sind die zwei ersten Akte einer Tragödie, deren dritter Akt — sein Selbstmord war. Er war ein nicht genug zu preisendes Talent. Aber sein Fehler war, in den natürlichen Gang der Dinge physische Ursachen (Magnetismus, Traumschlaf) zu bringen, was dem Publikum zu hoch steht, und selbst dem Tieck, der das Betteln des Helden um sein Leben natürlich findet. Freilich! eine Natürlichkeit, aber, die man anspeien muß. Sie wird nur durch das gestörte Traumleben gerechtfertigt."

Am 5. Dezember 1842.

„Ich kann Voltaire nur mit Cicero oder Goethe vergleichen, so verschieden diese drei großen Geister auch immer sind.

Obgleich ich die Franzosen hochachte, spreche ich doch ungern in ihrer Sprache und nur wenn ich durch besuchende

Fremde dazu genötigt werde. Denn da es ihr völlig an ernsten Phrasen fehlt, nimmt man bei der Conversation unwillkürlich den Leichtsinn an, dem ihr Geist entspricht. Es ist recht wünschenswert, daß die englische Sprache in Aufnahme komme, da sie gar keine Gelegenheit zum Gecken-haften bietet.“

Am 6. Jänner 1843.

„Die jetzigen Freiheitssänger sind wie die Dienstmägde, die nichts zu reden wissen und nur durch die Lascivitäten ihrer Amanten gesprächig werden. —

Die deutsche Sprache, die ich als meine Muttersprache, in der so viele Meisterwerke geschrieben wurden, hochachte, kann doch nur durch den Vers einigen Wohllaut erlangen; in der Prosa gleicht sie einem klanglosen Gemurmel. —

Meine jetzige Unthätigkeit würde mich betrüben, wenn ich nicht schon früher solche Perioden gehabt hätte. Etwa 7—8 Jahre vor der „Ahnfrau“ hatte ich mich ganz von der Poesie losgesagt. Jetzt erfreue ich mich lieber an fremden Meisterwerken, als daß ich selbst etwas schreibe. Ich befürchte mit Grund, daß gerade das, wofür ich mich jetzt interessiere — Verwicklungen, wunderliche Charaktere 2c. — beim Publikum wenig Anklang finden würde. —

Die spanische Sprache bleibt mir stets teuer, obwohl ich jetzt weniger darin lese; denn sie regte mich zur Poesie an. Nach meines Vaters Tod befand ich mich in so beschränkten Umständen, daß ich mir mit einer uralten spanischen Grammatik und einem noch schlechteren Wörterbuche, worin ganze Blätter fehlten, behelfen mußte. —

Auf meiner Reise in Italien entzückte mich besonders Rom. Ich möchte es daher nicht wieder sehen, weil ich fürchte, durch den verschiedenen Eindruck, den es jetzt auf mich machen würde, traurig an die Macht des Alters gemahnt zu werden."

Am 10. Jänner 1843.

„Der Anblick des Manuskriptes der „Ahnfrau", das ich nach mehr als 20 Jahren heute bei Gelegenheit einer neuen Auflage, die ich vorbereite, wieder hervornahm, machte auf mich einen eigenen Eindruck.

Ich habe die beiden Stücke „Ahnfrau" und „Sappho" jedes in etwa drei Wochen vollendet — aus Geldmangel. Damals lebte noch meine Mutter. Scherzend pflegte ich oft zu ihr zu sagen: Die Ahnfrau hat der Georgi-Zins und die Sappho der Michaeli-Zins geschrieben. Wenn damals die Censur nicht so beschränkend gewesen wäre, hätte ich, in der besten Manneskraft, viel geleistet. Die „Medea" hätte wohl mehr Einheit erhalten, wenn sie nicht schon im Anfang durch den Tod meiner Mutter unterbrochen worden wäre."

Am 22. Jänner 1843.

Die deutschen Freiheitssänger halten sich doch, einer nach dem andern, an die Fleischtöpfe Egyptens!"

Schon seit langer Zeit fällt es mir schwer, wenn ich mich mit einem Gegenstand anhaltend beschäftigte, plötzlich auf einen andern überzugehen. —

Lope de Vegas Dialog setze ich an Natürlichkeit, Poesie und Weltklugheit über den in Shakespeare's Dramen. —

Die Censoren, als Beamte, hegen keine Achtung für Kunst und Bildung, und halten es für gleichgültig, ob in Sachen des guten Geschmacks die Wahrheit oder Lüge öffentlich ausgesprochen werde.

Es giebt aber nichts Gleichgültiges, sobald es mit etwas Wichtigem, wie die Bildung einer Nation ist, zusammenhängt. Wer die Achtung für die Wahrheit nicht auch auf das anscheinend Kleine überträgt, hat gar keine Achtung für sie.

Die Censoren sollten keine Beamte, sondern Gelehrte, Litteraten (nur nicht Schöngeister!) sein und nach dem Prinzipe: „im Zweifel möge das Zweideutige geduldet werden" sollten sie volle Freiheit haben, alles, was nicht geradezu den Bestand des Staates aufhebt, hingehen zu lassen."

Am 17. Februar 1843.

„Ich fühle mich noch immer nicht recht gestimmt. Eine Reise würde mir wohlthun; besonders wünschte ich Spanien zu sehen. — Von Rom bin ich mit Thränen im Auge geschieden, obwohl ich sonst nicht leicht sentimental werde. Die Schweiz habe ich nie zu sehen gewünscht; denn Berge und Bäume giebt es auch in Tirol; die Bewohner aber, so bedeutend sie waren, sind jetzt abgeschmackt, und die Fremden daselbst bestehen aus dem affektiertesten Gesindel Europas. —

Auch mich hat Mohammed als dramatischer Stoff in Goethes „Wahrheit und Dichtung" angezogen; aber stets schien er mir etwas unzugänglich."

Am 25. März 1843.

„Da die Freiheit des Menschen zu den unentschiedenen Fragen gehört, so sollen wir über uns wachen, als ob wir frei wären, und die anderen entschuldigen, als ob sie es nicht wären. —.

Gutzkow, Laube ꝛc. wirken doch das Gute, daß sie

wieder die Aufmerksamkeit auf das aufgegebene deutsche Theater erwecken. An Victor Hugo ꝛc. sich bildend, haben sie wenigstens Kenntnis des Bühnlichen. Victor Hugo ist übrigens ein deutsches Talent, das heißt es paßt in keine Form; er hat eine hohe Meinung von sich, will alles Erhörte und Gesehene überbieten und so kommt Unsinn zu Tage. In Frankreich sind nur die ersten Schriftsteller überspannt; das Mittelgut ihrer Litteratur kann man mit Vergnügen genießen. Jedes neue Geistesprodukt empfangen die Franzosen mit Eifer; daher halte ich sie für die gebildetere Nation. Alle Vorzüge der deutschen beziehen sich nur auf ihr Privatleben. —

Ein so matter Autor auch Iffland war, stelle ich ihn doch über die Neueren; denn er verstand aus Nichts ein gutes Stück zu machen, und gab, wenn auch kein poetisches, doch ein lebendiges Bild, das uns interessiert; wer aber Interesse erweckt, hat schon viel gethan. —

Ehemals hatten die Schauspieler keinen Verstand, als den, der schon jedem Talente anklebt; die neueren denken — ohne Talent und spielen — ohne Verstand. Da die Weiber geborene Komödianten sind, so würde die Zahl der guten Schauspielerinnen größer sein, wenn nicht auf der andern Seite der Entschluß, diesem Stande sich zu widmen, beim Weibe so bedenklich wäre. Und am Ende — was ist es denn auch so Großes damit? Unter 10 Menschen kann man 9 zu Schauspielern machen. Wer im Leben andere täuschen will, spielt vortrefflich. Diese Anlage zu objectivieren ist zwar schwer, aber nicht unmöglich zu wecken. Man könnte ebensogut einen durch Hunger zum Dichten zwingen. — Aber wo offenbarer Beruf ist, muß man ihm folgen. Wenn ich einen Sohn — ja! eine Tochter hätte mit einem vorzüglichen Talent zum — Seiltanzen, ich würde sie davon nicht abhalten. Und wenn es nur die Kunst des Kartenaufschlagens, wenn es nur eine überwundene Schwierigkeit wäre — es wird doch Erstaunen erregt, also der Geist beschäftigt, und das ist schon immer ein Glück für die Kanaille, die in Betrügerei und Selbstsucht befangen lebt. —

Man muß die Einbildung, Talent zu haben, nicht stumm mit sich herumtragen, sondern, wenn es ohne zu viel Gefahr geschehen kann, handeln und versuchen. — Ich selbst möchte verheiratet *gewesen* sein, um zu wissen, wie ich dazu getaugt hätte. —

Der Protestantismus ist in der Moral rein; aber Luther verfuhr zu willkürlich in der Wahl der Glaubensartikel, da er alles nach dem Nicäischen Konzilium Verordnete verwarf, und außer der heiligen Schrift auch die Apostel annahm, für die *ihm* niemand garantieren kann, und die, so wie er, inspiriert waren."

Am 12. April 1843.

„Wenn Tieck, der unbedingte Verehrer Shakespeares, einen Sinn für Form hätte, so könnte er nicht die zweifelhaften Stücke desselben ihm mit der Frage: „von wem andern sollten sie sonst sein?" zuschreiben. So begriff er auch nicht, daß der Dichter die Lady Macbeth in den späteren Akten milder halten *mußte* und ihren Charakter nicht konsequent durchführen konnte; daß dieser Kunstgriff notwendig war, wenn der Held des Stückes nicht zurückgedrängt werden sollte. Aber Tieck folgert, die Lady thue alles aus Liebe für ihren Gatten, und sei selbst eine recht brave Frau; denn er weiß nichts von der Konstruktion einer dramatischen Handlung, er weiß nicht, wie Einem zu Mute ist, wenn man ein Trauerspiel schreibt; wie man ringen und sorgen muß, die Elemente zu bändigen und das für jetzt Unbrauchbare wegzuschaffen. Ja! wenn er nur ein lyrisches Gedicht zu machen verstände, so müßte er wissen, daß es einen Bau und dieser eine weise Ordnung erfordere."

Am 14. Mai 1843.

„Tieck bereitet jetzt in Berlin die Aufführung der „Medea" des Euripides vor. Dieses Unternehmen ist ein Unsinn; denn jenes Meisterwerk ist in eine Form gebracht, daß ein modernes gemischtes Publikum nicht darauf einzugehen vermag — und dann thut es mir um Euripides leid; oder es läßt sich das Fremdartige gefallen — was es aber nur auf Kosten seiner Empfindung kann, die einem Dichter doch heilig sein muß. Nun ist freilich Tieck, der aller natürlichen Empfindung bar ist, der Mann, der dem Könige ansteht. Soll ein modernes Publikum, dem die Bestimmung des griechischen Chors unbekannt ist, nicht lachen, wenn dieser auf der Bühne müßig steht und klagt und zusieht, während Medea das Gräßlichste verübt? Wie viele wissen es denn, daß der Chor an der Handlung keinen Teil hat, sondern ein lyrisches Element ist? Auch muß uns Neueren scheinen, daß Medea sich zu leicht zum Mord der Kinder entschließe; da hingegen bei den Griechen die elterliche Gewalt so weit ging, daß Kinder ungestraft ausgesetzt wurden, wovon zum Mord ein kleiner Schritt ist. — Die zwei Scenen, wo Medea von Aegäus einen Zufluchtsort erhält und dann der Chor eine Lobrede auf Athen erhebt, sind für uns müßig und unverständlich; müßig, weil sie Euripides, der alles auf den Ruhm seines Vaterlandes zurückbezog, nur für die Athener schrieb; unverständlich, weil wir keine Asyle mehr kennen, sondern gehen, wohin wir wollen; der Grieche aber kannte außer seinem Vaterlande nur Barbaries, daher die Verbannung ihm der Todesstrafe gleich galt. — Und doch dürfen diese Scenen nicht wegbleiben, da Medea durch den Gedanken, ein Asyl zu haben, in ihrem gräßlichen Vorhaben bestimmt wird. — Endlich wissen wir nicht, wie der griechische Chor sang. Wahrscheinlich ohne Melodie, mit Vorherrschen des bloßen Wortes, welches hingegen bei uns durch die Instrumentalbegleitung übertäubt wird. —

Wenn man nun fragt, warum wir kein Theater haben? so ist die Antwort: „Nicht nur aus Mangel an Dichtern und Schauspielern, sondern mehr deshalb, weil uns ein Publikum fehlt.“ Wir — als Deutsche ohnehin ohne Geschmack — werden durch die Wut, den Shakespeare, Calderon und nun gar die griechischen Tragiker unverändert auf die Bühne zu bringen, ganz verwirrt und kommen zu keinem richtigen, festen Urteil. —

Mir hat sich eine Vermutung aufgedrungen, die ich kaum auszusprechen wage, daß nämlich Shakespeare die Spanier kannte und — benützte; denn Don Lope de Rueda, der vor Lope de Vega schrieb, hat ein Stück „La comedia de engaños“, dem also der Titel „Lustspiel der Irrungen“ entspricht. Dieses englische Stück ist zwar dem Plautus nachgebildet; aber jenes spanische ist in der „Viola“ benützt. Auch fand ich schon viele ähnliche Gedanken in Shakespeare und Lope de Vega. —

Ich spüre eine merkliche Abnahme der Maschine. Ich mag nicht beichten, am wenigsten einem Arzte. Auch beschränkt sich ihre Kunst darauf, Lungenentzündungen und dergleichen zu heilen; sie taugen aber nichts bei Krankheiten, die einen Teil meiner Biographie ausmachen. Mein Uebel ist — nicht Schwäche, sondern unendliche Erregbarkeit der Nerven, was die Aerzte immer verwechseln.

Nu! und am Ende — was liegt daran? Es ist ja bald Zeit!“

Am 12. Juni 1843.

„Ich habe zwar ein neues Drama begonnen, aber ich besorge, daß von meiner jetzigen Mißstimmung zu viel Säure hineinkäme, und ich hasse Anspielungen auf Personen und Zeitereignisse, obwohl man das jetzt eben liebt. Es ist wirklich ein Elend!“

Am 20. Juni 1843.

„Kein einziges Stück Lope de Vegas reicht an die Calderons, aber man muß ihn nicht aus einzelnen, sondern aus dem Komplex aller beurteilen. —

Wenn man ein Gedicht auf die Bühne bringt, wird man schmerzlich an Schillers Worte erinnert: „Leicht bei einander wohnen die Gedanken, doch eng im Raume stoßen sich die Sachen.“

Am 24. Juni 1843.

„Die antiken Stoffe gewähren den Vorteil, daß man alle Bildungsgrade anbringen darf; aber wie heute die Stimmung ist, sind sie schon sich selbst ein Verdammungsurteil. Publikum und Schauspieler können sich nicht mehr hineindenken, und selbst dem Gebildeten sind diese fremden Verhältnisse zu wenig geläufig. Vielleicht wird Ponsards „Lucrece“ eine wohlthätige Reform bewirken. Der dramatische Dichter soll keine Suppositionen machen, sondern Handlungen und Schicksale von allgemein menschlichem Interesse vorführen.“

Am 10. Juli 1843.

„Lope de Vega ist fast ein noch natürlicherer Schriftsteller als Shakespeare. Seine Kompositionen sind unwahrscheinlich, absurd und fast keines seiner Stücke aufzuführen, aber man wird durch ihn eigentlich in die Poesie eingeführt. Ihm ist kein Lebensverhältnis fremd, er erschöpfte sie alle; und sein Dialog ist unerreichbar an Wahrheit, Gedankenfülle, Anmut und Witz. Wir Neueren können uns nur an ihm erquicken, aber nichts von ihm lernen. Er ist der gefährlichste Schriftsteller. Alles, was man von ihm entlehnen wollte, wäre für unsere Zeit ein Mißgriff. Im Bau der vierfüßigen Trochäen steht er weit über Calderon, der ihn aber in seinen Stanzen und Ottaven übertrifft. Es steht leider! zu erwarten, daß die Spanier, sowie jede neu sich hebende Nation, sich dem französischen Geschmack ergeben werden. Ihre alten Dichter benützten meistens den Katholizismus als Hebel der dramatischen Handlung; derselbe fordort aber ein Publikum, das, wie ehemals, noch fest am Wunderglauben hält, oder darin, ganz parteilos und indifferent, nichts als ein poetisches Motiv sieht. Da ein solches Publikum jetzt in Spanien fehlt, werden ihre Klassiker nicht neu gesammelt und gepflegt; — nach fünfzig Jahren aber dürfte es zu spät sein.

Ich beklage das Schicksal der spanischen Nation, das ich mit Kummer und Liebe Schritt für Schritt verfolge und jetzt in so schlechte Hände geliefert sehe."

Am 14. November 1843.

„Am 7. kam ich aus dem Orient zurück. Aequinoktialstürme, Seekrankheit und politische Unruhen machten meine ganze Reise höchst beschwerlich und gefahrvoll. Indessen wurde ihr Hauptzweck erreicht: mich von der Schwere und Bedrückung des Geistes zu befreien.

Zum Dichten aber hatte ich nicht Ruhe genug, nur verfaßte ich einige Verse auf Griechenland, worin ich dieses unglückliche Reich mit einem Kranken vergleiche, der sich von einer wunden Seite auf die andere wendet. — Der Sappho habe ich meinen Gruß ins Meer — gespieen! Ich litt viel von der Seekrankheit."

Am 3. Dezember 1843.

„Ich habe nie einen Menschen gekannt, der so seine Werke erklärte, und sie ihn, wie Goethe. Er war ein echt großer Mann. Ich zweifle, ob selbst Napoleon so mit sich einig und abgeschlossen war. Obwohl viele Umstände glücklich auf seine Bildung einwirkten, hemmten ihn wieder andere, besonders das Hofleben, in das er dann gezogen wurde, wo er darnach strebte, stets einen klaren ruhigen Blick zu behalten und jede starke Aufregung zu entfernen; was er „leises Empfinden" nannte, und was auch in seine Poesie überging, die sich sehr dem bloß Verständigen nähert. Höchst fatal ist sein ihm eigenes Streben, das Idealistische im Konflikt mit dem Realistischen untergehen zu lassen, womit er sich selbst zum Narren hält. Die letzte Scene im „Tasso" lacht den Inhalt des ganzen Werkes aus. Ebenso bei „Wilhelm Meister". In der „Iphigenia" erregt keine einzige Person Besorgnis für den Orestes. Die Worte, Gesinnungen, Charaktere — alles ist Gold, aber die Handlung untragisch. Im „Tasso" fallen Stoff und Behandlung glücklich zusammen; das Stück ist der Stolz der deutschen Dichtkunst; aber der Schluß ärgert mich; er ist wie der eines Epigramms. Mit etwa fünf Versen ließe sich — nicht etwa das Werk verbessern, aber doch ein dramatischer Schluß bewirken, etwa wenn Tasso zum Antonio sagte: „Nun wohl! Ich weiche dir. Aber die Blüte meines Geistes ist dahin, ich werde nicht mehr dichten!" — was auch historisch wahr ist, denn Tasso schrieb wirklich von dieser Periode an nichts mehr. — Den Wilhelm Meister nenne ich immer den deutschen Don Quixote, nicht um damit eine Nachahmung zu bezeichnen, sondern in dem Sinne, daß Goethe den Nationalfehler der Deutschen, das Schwanken und Tappen in der Kunst, so wie Cervantes den spanischen überspannten Heroismus, schilderte. —

Eigen war bei Goethe, daß er die Leidenschaften nur bis auf einen gewissen Grad benützte und im weiteren die Reflexion walten ließ, welche Eigenheit besonders der Tragödie Eintrag that, und nur einem Genius, wie Goethe, hingehen darf. Sollte ein anderer es wagen, eine Iphigenia so, in solcher Fassung, uns vorzubringen! —

Bettinas Briefe sind das einzige Buch, das ich seit zwanzig Jahren mit Interesse las. Nur hätte sie nicht weiter schreiben sollen, dann wäre sie mit Goethe mitgegangen, wie Beatrice mit Dante.

Aber, wie diese, verdarb sich Bettina alles durch ihre späteren Schriften. Sie ist ein höchst geistreiches, aber ebenso verlogenes Wesen und läßt den Goethe, Beethoven u. a. Dinge sagen, welche rein absurd sind. —

Es ärgert mich, wenn ein guter Dramatiker in Prosa schreibt. Es ist recht miserabel, wenn ein Mensch keinen inneren Halt hat und herumtanzt, wie andere pfeifen. Von jeher war der Vers die Sprache der Poesie, und Prosa die der Wirklichkeit. Die Poesie aber will sich eben von der Wirklichkeit entfernen, darum soll sie sich auch im Ausdruck von ihr unterscheiden; nur die Elemente muß sie von ihr nehmen. Poesie in Prosa ist Unsinn; darum mag ich keinen Roman oder nur ausnahmsweise lesen."

Am 17. Dezember 1843.

„An einem Frauenzimmer schätze ich nichts mehr, als wenn es einfach, natürlich und — „sauber“ ist, wie man sagt; der größte Geist zieht mich bei ihm nicht so an, als eine schöne Gestalt. —

Es liegt in unserer Zeit und im Dünkel der Künstler, auf das Anspruch zu machen, was man nur den höchsten unter ihnen zugestehen mag. Sie fordern, daß man sich mühsam in ihre Werke hineinstudiere, da sie doch gar nicht wünschen sollten, schwer verständlich zu sein, sondern vielmehr dem Genießenden bei gewöhnlicher Aufmerksamkeit schon halb entgegenkommen. —

Das Nibelungenlied muß man im Originale lesen, denn bei einer Uebersetzung wird die Form abgeschliffen und man wird um so aufmerksamer auf die Roheit des Stoffes, dessen Barbarisches man weniger fühlt, und es mit der Form übereinstimmend findet, wenn man dieses herrliche Gedicht im Urtext liest.“

Am 31. Dezember 1843.

„Ein Italiener malte einst das letzte Abendmahl, und zwar alle Apostel sehr schlecht, einen Hund im Vordergrunde aber unübertrefflich — und jedermann lobte das Bild. Man konnte sagen: „Nun! das ist halt ein Hund mit Staffage; gut!“ Wenn aber dieser Hund zu den Aposteln einen üblen Nebeneindruck gemacht hätte, würde man gewiß auch ihn verworfen haben. Die Hauptsache ist — Konzentrierung. Dieser scheint unsere ganze Zeit entgegen zu sein; daher der einzige Halm, der sich darauf versteht, trotz großer Mängel Beifall findet.“

Am 14. Jänner 1844.

„Ich kann Ponsards „Lucrece“ kein gutes Stück nennen, aber es enthält viel Respektables; und wenn die Deutschen glauben es besser machen zu können, so irren sie sehr. Der Charakter der Lukretia könnte wohl zu gesteigert erscheinen, aber das ist man einmal auf allen Bühnen gewohnt. Ich weiß nicht, ob eine Thekla im Wallenstein, eine Fürstin im Tasso nach der Natur möglich seien.

Lear ist schon verrückt, ehe wir ihn wahnsinnig werden sehen. Die ganze Teilungsscene ist Unsinn, wenn man dem Dichter, der im Raume beschränkt ist, nicht solche unentwickelte Charaktere, wie Cordelia, hingehen lassen müßte. — Uebrigens fürchte ich, Ponsard wird sich verleiten lassen, die Fülle von Romantik, die in ihm ist, aufzugeben; er wird klassisch sein wollen und dürr werden. Nun! es wird sich ja zeigen.“

Am 2. Februar 1844.

(Ueber des Dichters Geburtstagsfeier in der Künstlergesellschaft Concordia.)

„Die ganze Idee eines solchen Festes ist mir zuwider. Ohne übertriebene Bescheidenheit ist es doch fatal, sich so viele Lobeserhebungen ins Gesicht sagen lassen zu müssen. —

Bei Lear war mir im Original von jeher greulich, daß am Schluß auch noch Er und Cordelia umkommen. In jener Zeit, wo in Einem Jahre 70 000 Menschen durch Henkershand fielen, glaubte man in den Trauerspielen nicht genug Mordthaten anbringen zu können. Aber heutzutage, wo man monatelang von Einem Mord spricht, muß der Dichter froh sein, wenn er den Leuten auch nur den Tod Einer Person glaublich und erträglich macht.

Man lasse daher solche Stücke lieber unaufgeführt, wenn man sie nicht ohne Veränderungen aufführen könnte. Ich begreife nicht, wie man an einem Autor, den man verehrt, etwas ändern kann. Wenigstens kann man der Poesie und einem großen Geiste nichts Aergeres anthun, — ich wenigstens sehe sogar das Buch eines Schriftstellers, den ich liebgewann, ungern verletzt. —

Das Wunderbare kann heute kein dramatisches Motiv mehr abgeben, zum mindesten duldet man keine moralische Wirkung aus physischen Ursachen, z. B. Liebestränke. —

Goethe hatte den Fehler, daß seine Personen oft nur in der Anschauung einen guten Eindruck machen, der auf der Bühne schärfer, aber störend werden muß, z. B. Maria im „Clavigo“. —

Lope de Vega hat nicht Ein gutes Stück geschrieben; aber in den vielen ist so viel Gutes, daß man vor Bewunderung gar nicht aufhören kann zu lesen. Begeistern kann man sich an ihm, aber nichts von ihm lernen. Das Tiefpoetische ist in offene Absurditäten eingehüllt; aber die Leute ließen sich's damals gefallen, es war die Wahrscheinlichkeit noch nicht erfunden. Hingegen giebt es heute für einen, der selber dichtet, nichts Gefährlicheres, als die Klassiker, wenn er nicht die Gabe hat, das nach der Zeit Unpassende zu erkennen und abzusondern.“

Am 19. Februar 1844.

„Weil der Künstler eben mittelst der Empfindung macht, so kann er sie in der Regel seltener und schwerer als andere Menschen äußerlich anschauen. Was man meiner Sappho zum Vorwurf machte, ist vielmehr ein Vorzug des Stückes — daß ich nämlich mehr das liebende Weib als ihr poetisches Element hervorhob.“

Am 10. März 1844.

„Man klagt, zum Teil mit Unrecht, über die jetzigen Schauspieler; wahr ist es aber, daß es an sogenannten „Begabungen“ fehlt. Wo findet man heute ein außerordentliches Organ, wie das des Heurteur war, oder eine innerliche Erregbarkeit, wie die des alten Lange, der als Mann von 64 Jahren noch den Fiesco so spielte, daß man ihm nur zu viel Jugend vorwerfen konnte? —

Es ist zum Lachen, wenn man das Humoristische vom Lächerlichen sondern will.

Wenn es hier ja einen Unterschied giebt, so besteht er darin, daß der Spaß aus einem innern Wohlbehagen, aus einer Lustigkeit hervorgeht, der Humor aber aus einer Selbstverspottung. Der Humorist ärgert sich über seine Lustigkeit. Diese äußert sich bei allen ernsten Völkern in ernster Form, z. B. bei dem melancholisch-cholerischen Engländer, während der Italiener seine Lazzi mit heiterer Leichtigkeit ausstreut. Raimund klagte mir oft sein großes Unglück, daß man ihn für einen Komiker halte, daß er für jährliche 5000 Gulden den Leuten Späße vormachen müsse, die er in halber Verzweiflung, aber eben darum so komisch vorbrachte. Uebrigens starb dieser vortreffliche Mensch und höchst talentvolle Dichter eben zur rechten Zeit. Er hätte nichts Gutes mehr geschrieben, seit man ihn auf seine unbewußte Tiefe aufmerksam machte und er nun mit Absicht darauf hinarbeitete. Er vertraute mir einmal, daß er mich „aus Herzlichkeit“ für einen größern Dichter als Goethe halte! — Den Goethe konnte er durchaus nicht leiden, da Er voll Superlative, der andere voll Ruhe war. — Da wurde ich doch endlich grob und sagte:

„Das verstehen Sie ja gar nicht!“

Am 4. April 1844.

„Der neue Pitaval hat den Vorzug, daß alle diese Gräßlichkeiten wahr sind; und mich interessiert es, die Versunkenheit der menschlichen Natur zu betrachten; aber die „Geheimnisse von Paris“ sind erfundenes Zeug und eine Lektüre für Zuchthäuser. Nicht daß die Richtung geradezu schlecht wäre, hie und da leuchtet sogar eine moralische Absicht durch, aber die Leute glauben dann am Ende, daß all' das noch läßlich und doch nicht so arg sei. Ein Mädchen, das da auf der Gasse herumläuft, mag etwa guten Willen, auch Sensibilität und ich weiß nicht was haben, durch zufällige Umstände; aber das ganze Buch wirft ein so schlechtes Licht auf unsere Zeit, in der wir nicht nur leben müssen, sondern auch wirken sollen, daß man die Unlust gar nicht los werden kann.“

Am 1. Mai 1844.

(Ueber den Verein zur Unterstützung entlassener Sträflinge.)

„Man thut jetzt für die Spitzbuben mehr als für die ehrlichen Leute! Der Verlust des Vertrauens bei den Mitbürgern gehört ja mit zur Strafe. Die Natur straft ja auch so: wenn Einer unbesonnen in der Hitze trinkt, so muß er sterben. Wenn man es den Verbrechern leichter macht, als den Armen, so muntert man den ehrlichen Armen zum Verbrechen auf. Wenn die Armut aufhört ein Unglück zu sein, so fällt der Antrieb zum Fleiß weg. Ich bin nicht hart, ich bin oft nur zu weich. Ich habe durch eilf Jahre einen Knaben unterstützt, dessen Mutter mich einst auf der Stiege anbettelte; jetzt habe ich erfahren, daß es das ärgste Gesindel ist und erwarte täglich zu hören, daß der Bube gestohlen hat. — Die Armentaxe ꝛc. in

England ist eine Geißel des Landes. Und auch dieser Privatverein in Wien wird einsehen, daß es nicht geht. Indessen — sie mögen es versuchen!"

Am 15. Juli 1844.

„Es ist schön lange mein Wunsch, Spanien zu sehen. Vielleicht übers Jahr, wenn die Unruhen gestillt sind — vielleicht auch nicht! So wie meine Mutter oft zu mir sagte, als ich noch Bube war: „Du mußt nicht von allem haben." Uebrigens ist meine Achtung vor den Spaniern fast verschwunden, seit sie sich so elend benehmen. Man verschwendet seine Neigungen!"

Am 28. Juli 1844.

„Ich werde mir eigens Metastasios Werke kaufen, bloß aus Widerspruchsgeist, um diesem Dichter meine Achtung zu bezeigen, den man in neuerer Zeit so herabsetzt. Wenn man ihm Süßlichkeit vorwirft, so könnte er, wenn er jetzt lebte, uns Roheit zur Last legen; und ich weiß nicht, wer Recht behielte?"

Am 11. August 1844.

„Unsere Schulprüfungen haben das Gute, daß die Nachlässigen doch etwas thun müssen. Die preußischen Universitäten sind wohl geeignet, Gelehrte zu bilden; wer Fleiß und Geschick hat, lernt dort tausendmal mehr als bei uns; aber der Liederliche weiß auch dort tausendmal weniger als bei uns. Aber diese Leute, die gewohnt sind, in allen Wissenschaften frei zu gustieren, applizieren sich dann für nichts in der Wirklichkeit. Ich bin überzeugt, daß der ganze deutsche Liberalismus von heute nur von diesen Gelehrten herrührt, welche über alles gut zu reden verstehen und endlich aus Notdurft den Volksleidenschaften schmeicheln. —

Ich galt immer für einen guten Juristen, obschon ich immer erst sechs Wochen vor der Prüfung zu lernen anfing und Ein Jahr hindurch — ich muß es zu meiner Schande gestehen, wenig die Vorlesungen besuchte! Meinem Vater, als Advokaten, machte es Freude, und so suchte ich ihm Eminenzen nach Hause zu bringen. Nur im vierten Jahre wäre ich bald bei der Prüfung verunglückt: unter andern Fragen erhielt ich auch die, welche mich in der ganzen Politik am meisten interessierte — über die Zensur! Dabei geriet ich in solchen Eifer, daß ich plötzlich, wie von Sinnen, ungeschicktes Zeug zu reden anfing. Ebenso geschah es mir oft bei der Poesie; wenn ich es aufs Höchste trieb, trat eine plötzliche Abspannung, ein Nachlassen der Nerven ein, so daß ich mehrere Tage nicht darüber schreiben oder denken konnte. —

Herder zog mich nie recht an, weil mir das Gemisch von Wissenschaftlichem und — wie soll ich's nennen? — von Belletristik nicht behagt. Goethe hat ihn gut charakterisiert: „Herder ist kein Schriftsteller, aber er ist ins Volk übergegangen.“ — Daher kommt es, daß man ihn jetzt weniger lesen mag. Indessen wenn ich gleich nicht sein größter Verehrer bin, teile ich doch seine Gedanken. —

Der Gang unserer Bildung bringt es mit sich, daß wir Italien mit besonderer Vorliebe betrachten und bereisen. Die Geschichte Roms und Athens gilt uns als der Inbegriff alles Großen und Erhabenen. Aber diese Täuschung ist unserem Gefühle notwendig, und wer sie nicht hat, ist ein Lump! Die Italiener haben noch etwas, das sie aber von Tag zu Tag mehr verlieren, eine gewisse Natürlichkeit. Italien ist das Wirtshaus von Europa und der Italiener sucht, wie der ehrlichste Wirt, den Fremden zu betrügen; sobald er aber diesen näher kennen lernt, behandelt er ihn mit wirklich inniger Kordialität. Er achtet es nicht sowohl, wenn Einer gut, sondern wenn er gescheit ist. Mein Hauspatron in Rom war der größte Halunke, und sein Weib erschien mir beim ersten Anblick wie eine Wetterhexe; aber als ich erkrankte, pflegte mich diese Frau und ihre Kinder mit einer Liebe und Uneigennützigkeit, wie ich sie in Wien kaum mehr fände.

Aber jetzt fangen die Italiener, die bisher im Guten und Schlimmen ein echt poetisches Volk waren, schon an sich zu europäisieren, was für ihren bürgerlichen Zustand gut sein mag, aber ihnen als Volk gewiß zum Schaden gereicht. Die Franzosen hatten auf sie einen guten Einfluß, sie brachten ihnen einen staatlichen Sinn bei und ennuyierten sie wenigstens nicht. Auch muß man sie nicht nach denen ihrer Landsleute beurteilen, welche in anderen Staaten leben. Den echten Italiener lockt kein Vorteil aus seinem Vaterlande; wer es verläßt, ist ein Dummkopf oder ein Lump oder ein Intrigant (was ohnehin auch ein Lump ist). Diese große Veränderung des italienischen Charakters steht in genauer Verbindung mit einem gering scheinenden Umstand — mich schauert immer, wenn ich daran denke, daß die Italiener den Roman bei sich einführen. Durch zwei Jahrhunderte behalfen sie sich, freilich auf eine erbärmliche Art, mit ihren Sonetten; aber es war doch Poesie. Der Roman ist Prosa."

Am 25. August 1844.

„Die jetzigen Schauspieler wissen nicht mehr den Erfolg eines Stückes vorherzusagen. Sie suchen nur immer, was poetisch ist; ob es aber gefallen kann, beurteilen sie nicht.

Ich will aber vom Gärtner nicht erfahren, aus welchen Stoffen die Pflanze besteht, sondern ob sie in diesem oder jenem Boden fortkommt. Doch kann man es ihnen nicht verübeln; das ist nur die Folge, die unselige Folge der vielen „Besprechungen" in Deutschland. Was soll der arme Teufel von Schauspieler mit mittelmäßiger Bildung der Autorität Tiecks entgegensetzen? — Es ist ein Elend mit der deutschen Litteratur! Ich habe alle vier Stadien miterlebt, von Schlegel und den Romantikern bis auf die Heutigen mit ihrem „deutschen Bewußtsein"! Wenn man sieht, daß immer alle zugleich ins Posthorn blasen und bei uns keine Meinung länger als zehn Jahre dauert, so hält man lieber jene für gut, welche schon zwei Jahrhunderte oder zwei Jahrtausende gelten. —

(Ueber: „Weh' dem, der lügt!")

Galomir ist eine Rolle, auf die ein tüchtiger Schauspieler reisen könnte. Naturmenschen sprechen nicht in Sätzen, sondern in einzelnen Worten. Aber Lukas hat einen Kretin daraus gemacht. — Bei der Rollenverteilung sah ich immer nur darauf, ob ein Schauspieler äußerlich das Zeug dazu hatte; wie er dann spielte, war seine Sache."

Am 8. Dezember 1844.

„Das ist wahr, darin haben die Deutschen keine Nebenbuhler — in der Kunst, sich zu langweilen! Es ist eine wunderliche Nation! Sie lesen nur immer das gestern Geschriebene, und vor lauter Litteraturzeitungen kommen sie nicht dazu, die großen Alten zu studieren. Sie begnügen sich, über Voltaire, Rousseau, Corneille u. a. zu schimpfen, und wenn man fragt, woher sie den einen oder den andern kennen, so hat unter Hunderten kaum Einer sie gelesen. Ich z. B. schrieb mein „Der Traum ein Leben", und so viel auch darüber gesprochen wurde, so hat doch niemand noch entdeckt, daß der Stoff aus einem von Voltaires kleinen Romanen entlehnt ist, obwohl ich das gar nicht verkappte und sogar die Namen beibehielt. —

In meiner Jugend war auch eine erbärmliche Zeit, die romantische; allein Schiller und Goethe mit ihren Meisterwerken machten den Schaden wieder gut. Aber heute ist alles mit Unkraut überwachsen."

Am 16. Februar 1845.

„Nirgends in der Welt, am allerwenigsten bei uns, kann man sich der Litteratur ganz widmen, ohne etwas anderes zu sein als Dichter. Poesie ist das Edelste, und wer sie ohne Abbruch seiner eigentlichen Berufsarbeiten betreiben kann, thut sehr wohl. Aber gerade den begabtesten, edelsten Menschen fehlt oft das, was sich oft bei den oberflächlichsten, miserabelsten Geistern vorfindet. Was waren denn Kotzebue, Jünger? Und doch besaßen sie eben das Talent, Interesse zu erregen. Das Talent sitzt nicht allein im Kopf, im Herzen; auch in den Fingern, in — ich weiß nicht wo? Wenn einer meine Geliebte malte — (wenn ich eine hätte oder noch jung wäre) — nun! so würde ich ihm ins Gesicht lachen, und tausend Dinge auszusetzen haben; aber wenn ich ihm zeigen wollte, wie er es Zug für Zug machen soll, so würde eine Karikatur daraus, ob mir gleich das geliebte Bild noch so deutlich vor der Seele schwebt. Einer faßt die Natur noch so poetisch auf und versteht kaum einen mittelmäßigen Baum zu malen; — ein anderer hat es im kleinen Finger."

Am 19. Juni 1845.

„Ich sterbe ab und zwar von innen, was das Schlimmste ist. Ich fühle eine bedeutende Abnahme des

Gedächtnisses und eine solche Verdrossenheit, daß ich unfähig bin, etwas zu arbeiten. Nun! was wollen wir machen? Wir müssen es ertragen. —

Ich möchte Lessings „Nathan" zwar geschrieben haben; aber die Verse darin sind doch nicht angenehm. Oft schließen sie mit einem unbedeutenden Wort, oft wird der Sinn in den folgenden Vers hinübergezogen und der Wohlklang gestört. —

Viele Staatsmänner sind wie Adam vor dem Sündenfalle — sie schämen sich nicht, ihre Blöße zu zeigen. Die Deutschen aber besitzen eine solche Hunde-Demut, daß sie sich vor einem Minister beugen, so lange er da ist, und wenn er fortgeht, nennen sie ihn einen Spitzbuben."

Am 11. September 1845.

„Ich habe sowohl dem Wiener als Stuttgarter Buchhändler, welche mit mir wegen einer Gesamtausgabe meiner Werke unterhandelten, heute abgesagt. Ich bin froh, wenn ich von dem litterarischen Markt entfernt bin. Soll's nach meinem Tode gedruckt werden! —

Ich höre, Halm wird Lope de Vegas „Bamba" auf die Bühne bringen. Nun hat mir zwar dieses Stück immer ungemein gefallen, aber ich fürchte für den Erfolg. Spanien wird redend eingeführt — da lachen die Leute gewiß und mit Recht. Man muß ihnen keinen Wunderglauben zumuten oder allegorische Personen vorführen, ohne ihr Erscheinen wohl begründet zu haben. Shakespeare läßt auch Geister auftreten, aber wie bereitet er den Zuschauer vor! obwohl er dies bei seinem Publikum nicht nötig gehabt hätte. Wenn eine Ahnfrau erscheint, so muß ich's den Leuten glaublich gemacht haben, daß eine Ahnfrau erscheinen kann. — Der Umgang mit den alten Schriftstellern ist der gefährlichste, aber auch der belehrendste; der gefährlichste, wenn man glaubt, die Sachen so brauchen zu können, wie sie da sind. Die Zeitverhältnisse haben sich ja geändert, und man hat Not, die Leute zu überzeugen, seit die Franzosen die Wahrscheinlichkeit erfunden haben."

Am 24. November 1845.

„Ich leide an einem ähnlichen Uebel wie Ihr Vater. Ich möchte lieber gar nicht existieren, als in einem solchen Zustande. Freilich! bei Ihrem Vater ist es anders, da von ihm so viel abhängt. Wer für andere lebt, der will nur leben, vor allem leben. —

Vor kurzem war ein recht interessanter junger Mann bei mir, der Dichter Hebbel. So weit ich sein Trauerspiel „Judith und Holofernes" bereits gelesen, ist es der Idee nach das Geistvollste, aber der Ausführung nach das Fratzenhafteste, was man sich denken kann. Dieser Mensch muß gar nicht ahnen, was möglich und wirklich ist im Leben. Ja — wenn das Poesie heißt! Was man aus der Natur hebt, muß wieder in sie zurückfallen. Bisher hat man halt geglaubt, was man aus der Wirklichkeit nimmt, müsse mit ihr übereinstimmen. Als wenn ein Maler, um Allwissenheit auszudrücken, dem Gott im Bilde ein doppelt so großes Auge geben wollte, als zu den übrigen Verhältnissen paßt. — Aber nach und nach gewöhnen sich die Leute daran, und es ist nur traurig, daß man in einer solchen Zeit wirken soll. —

Ich liebe es, wenn der Künstler allein bleibt. Wo drei sind, kommen schon hundert Spitzbuben und Esel mit!"

Am 7. Dezember 1845.

„Ich fange gleich selbst von Ihrem Unglück zu sprechen an, um Sie mit meinem eigenen Beispiele zu trösten. Mein Vater starb zu der Zeit, als die Franzosen in Wien waren und bald darauf das Finanzpatent erschien. Meine Mutter bezog aus der Witwensozietät nur 90 Gulden Bankozettel und ich war der älteste von drei Brüdern — und doch hat es sich gemacht, daß wir zu leben fanden. Ich mußte Lektionen geben und später machte mein erstes Stück gegen Erwarten Glück. — Freilich anfangs, nach einem solchen Verluste, ist es, als fiele ein Vorhang, man sieht keinen Ausweg; aber oft fügt es sich dann halb wunderbar. Man kann beinahe mit Sicherheit darauf rechnen, wenn man ein ordentlicher Mensch ist und etwas gelernt hat. Der Fall wiederholt sich täglich tausendmal, und immer glaubt man, es sei kein Ausweg, und immer findet sich einer. — — —

Der beste Dichter kann etwas Schlechtes schreiben; wer aber etwas Widernatürliches macht, wird sein Lebtag nichts Gutes zu stande bringen. Berlioz ahmt nur die Fehler Beethovens nach. Wer durch eine Kunst ausdrücken will, was dieser Kunst versagt ist, der hat keine Ordnung in seinem Kopf, der ist ein Narr. Wenn ich unter meine Gemälde schreiben muß: „Das ist ein Zorniger — der thut das und jener das — der flucht seiner Tochter rc." so bin ich ein schlechter Maler, weil ich etwas, was ich durch meine Kunst ausdrücken sollte, durch eine Beigabe erklärte. Ich bilde mir nicht ein, ein Musiker zu sein; mir fehlt das Technische, das Handwerksmäßige; aber wer sich einmal in Einer Kunst versucht hat, der merkt auch in einer anderen den Finger Gottes — in Berlioz' Musik merke ich ihn nicht; und mir thut es nur leid, zu sehen, daß es mit dem gesunden Sinne, der sonst bei allem Mangel an Bildung in Wien herrschte, auch vorüber ist!" —

Am 18. Jänner 1846.

„Ich kann Blumen nicht einmal im Topf vor dem Fenster leiden, viel weniger abgeschnitten im Glas, so gerne ich sie im Freien habe. Es thut mir weh, wenn ich denke: „Jetzt sind sie so schön und duftend, und — in drei Tagen gehören sie auf den Mist!" —

Ich habe die letzte Rede Portalis' nicht gelesen; wohl aber bin ich auf die Eröffnung des englischen Parlaments sehr gespannt. Das wird eines der interessantesten in der Politik werden. Ueberhaupt kümmert mich in der Politik nur was geschieht, der Effekt. Was geredet wird, ist gleichgiltig, und nur in der Kunst, in der Poesie hat es Bedeutung. Die Leute aber, besonders die Deutschen, machen es gerade umgekehrt: in der Kunst sehen sie nur, was praktisch anwendbar ist, und in der Politik begnügen sie sich mit schönen Reden; sie sind ganz glücklich, wenn sie eine Assoziation oder Protestation gehalten haben — ob es fruchtet? oder nicht? — I nu! so lassen wir's gehen. Wir werden's nicht ändern. —

Ich möchte wissen, was aus Theodor Körner geworden wäre, wenn er länger gelebt hätte. Er besaß das gewisse Schwunghafte, verstand ein Stück zu machen und es fehlte nur, daß er sich auf glückliche Stoffe fixiert hätte. Ich habe ihn nicht persönlich gekannt, denn während seines Aufenthaltes in Wien hatte ich die Poesie gänzlich aufgegeben. Ueberhaupt hatte ich seit je einen Widerwillen gegen die Oeffentlichkeit, was vieles Spätere an mir erklären muß. Mit 16 oder 17 Jahren hatte ich ein endloses Stück geschrieben und dem Theatersekretär Sonn=

leithner, meinem Onkel, zum Lesen gegeben. Er gab es mir als zu lang und unaufführbar zurück; doch habe es gelungene Details enthalten. Wie mißlungen es immer war, so muß ich doch jetzt sagen, daß es für einen jungen Menschen von 16 Jahren recht viel Gutes enthielt. Da ich übrigens mit ihm einer Meinung war, so ließ ich das Stück liegen und — es liegt noch. Weil ich mir sagte, in der Kunst muß man Tüchtiges oder gar nichts leisten, so gab ich nach diesem ersten Versuche das Dichten ganz auf. Erst nach zehn Jahren schrieb ich die Ahnfrau. Ich lernte zufällig den damaligen Theatersekretär West (Schreyvogel) kennen, welcher einige meiner spanischen Uebersetzungen gelesen hatte. Er lobte dieselben, meinte, daß ich dramatisches Talent habe und fragte, ob ich mich nie darin versuchte? Ich antwortete, daß ich mich wohl vor Jahren mit Poesie beschäftigt habe und auch jetzt wieder mit einem höchst wunderlichen Stoff mich herumtrage, doch hätte ich es längst aufgegeben. — Er forderte mich auf, ihm den Stoff zu erzählen; ich that es und er rief entzückt: „Das Stück ist ja fertig bis aufs Niederschreiben! Ich sehe, daß Sie alles bis zur letzten Scene fertig haben.“ — Dennoch ging ich mehrere Tage umher, ohne an die Ahnfrau zu denken. Aber eines Abends vor dem Schlafengehen wurde mir ganz wunderlich zu Mute; ich schrieb die ersten fünf oder sechs Verse nieder, welche der Graf im Anfang spricht. Als ich nach sehr verworrenen Träumen morgens erwachte, wußte ich nicht, wie mir geschah. Ich glaubte, mir sei unwohl; doch stand ich auf, wusch mich und frühstückte. Als ich mich sodann auf meinen Sessel setzte, fiel mir das Papier in die Augen — ich hatte ganz vergessen, daß ich gestern diese Verse geschrieben hatte. In der größten Agitation schrieb ich fort und — in sechzehn Tagen war die Ahnfrau vollendet. Ich kann sagen, daß ich das ganze Stück wie im Fieber dichtete, es ist rein physikalisch entstanden: alles schwebte mir so lebhaft vor, daß ich eigentlich nur niederzuschreiben brauchte, was ich hörte. Dennoch hätte ich, da mir die Oeffentlichkeit so zuwider war, das Trauerspiel nicht auf die Bühne gebracht; aber West überredete mich und — da meine und meiner Mutter Lage die bedrängteste war, so dachte ich: „Nu! vielleicht kriegst 'was dafür!"

Die Schröder brauchte damals ein Stück für ihre Einnahme; sie lief herum, meine Ahnfrau, welche von der Zensur verboten war, zur Aufführung zu bringen. Da ich aber meinen Namen nicht hergab und die Leute in die Anonymität kein Vertrauen hatten, so machte die Schröder eine ziemlich schlechte Einnahme. Dennoch — und nichts hat mir je an ihr so gefallen — dennoch war sie glorios damit, dieses Stück auf die Bühne gebracht zu haben. Ueberhaupt die Schröder — ah! diese Frau mit allen ihren Fehlern — wenn sie auf die Kunst kam, war sie eine vortreffliche Natur.

Die Sappho aber freute mich aus einem andern Grunde. Die Leute sagten: „Ja! mit Gespenstern und Vatermördern kann man leicht Wirkung machen!" — Ich wollte zeigen, daß ich solcher Mittel nicht bedürfe, und daher kommt es, daß die Sappho so einfach wurde. Und doch machte sie noch mehr Furore als die Ahnfrau, so daß ich, wenn ich meinen Vorteil verstanden hätte, Summen damit gewinnen mußte. — So erklärt sich auch, daß alle meine Stücke von so verschiedenem Gehalt und Tendenz sind. Wenn mich etwas verdroß und ich keine Lust zum Dichten hatte, so brauchte ich einen Stoff, der durch sich selbst mich aufregte; und so entstand „Der treue Diener seines Herrn",

„Der Traum ein Leben" und alle. Ich fühle, daß ich auch jetzt nur durch einen recht kunterbunten Stoff in Thätigkeit gesetzt werden könnte; dann würden vielleicht wieder mehrere ruhigere Stücke folgen. Aber wie gesagt, es ist mir zuwider, auf dem Markt des Lebens umherzurollen. Ich bin ein Dichter für mich und beschäftige mich immer mit Poesie; aber herausgeben mag ich nichts. Mich ekelt die Gemeinheit der Leute und der Kritik an, obwohl ich das Urteil des Publikums immer geachtet habe, und wenn etwas nicht gefällt, so hat es gewiß einen Fehler; aber mich freut es mehr, wenn meine Sachen dem und dem einzelnen gefallen. Da werfen mir die Leute vor, daß ich so lange nichts schreibe! — Ich habe schon Mehreres geschrieben; gefällt es euch nicht, so kann ich nicht helfen.

Mein erstes Auftreten fiel in die günstigste Zeit: Napoleon war besiegt, die materiellen Interessen noch nicht vorherrschend und alles, um was die Leute jetzt streiten, hofften sie damals in nächster Nähe; auch waren die Geister durch Schiller und Goethe vorbereitet — kurz! ein Publikum, wie man es sich nur wünschen konnte. Zur selben Zeit ging in meinem Wesen eine große Veränderung vor: ich hatte bis gegen mein dreißigstes Jahr ganz blonde Haare; aber sobald sich die ersten grauen zeigten, wurden die übrigen allmählich dunkel, beinahe schwarz."

Am 19. Jänner 1846.

„Man machte mir schon oft den Vorwurf, als hätte ich Stücke, die man mir zur Beurteilung gab, ungelesen zurückgestellt, oder sie doch ohne Aufmerksamkeit gelesen. Das ist aber nicht der Fall; sondern wenn ich anfange zu merken, daß es nicht recht geht, daß der Dichter auf einem falschen Weg ist und nicht dahin kommen kann, wohin er will, so befällt mich beim Lesen ein beinahe trauriges Gefühl; dann denke ich nach, wie denn da zu helfen wäre und vermische dabei so das Gelesene und das, was ich selbst hineinlegte, daß ich am Ende beides nicht mehr zu unterscheiden vermag. Daher kann ich einem nur dann einen guten Rat geben, wenn ich sehe, daß das Gedicht, so wie es ist, oder mit einigen Abänderungen brauchbar ist."

Am 2. Februar 1846.

„Die Oesterreicher sind jetzt von allen Deutschen vielleicht die Gescheitesten; aber es herrscht hier eine — nicht Dummheit, aber eine solche Gedankenfaulheit und daher Gedankenlosigkeit, eine solche Vorliebe für Spaßmacherei, daß selbst die Besseren heute gern über das lachen, wofür sie gestern begeistert waren. — Indessen als Teil des Ganzen kann man sich über keine Zeit beklagen; wenn man sie aber in ihrer Konkretion betrachtet und daß wir darin leben müssen, und wenn man aus der Geschichte weiß, daß es tausend so miserable Zeiten gegeben hat, so kann man sich doch nicht freuen darüber! Niemand wird die byzantinische Zeit gut nennen, aber vielleicht war sie notwendig zum Ganzen."

Am 30. April 1846.

„Raimund nannte die U . . . eine „Viechnation" und das war einer von seinen trefflichen Weltspäßen, deren er, bevor er zu schreiben anfing, unbewußt so viele sagte; später gelang es ihm bei weitem nicht so, besonders seit der große Ludwig Devrient ihn warnte, Zoten zu machen. Doch eben in dieser Mischung von Zote und Ernst bestand Raimunds Talent, welcher außerdem ein beschränkter Mensch war. —

Der ungarische Landtag behagt mir doch noch besser als die württembergische Kammer. Ich verstehe nicht ungarisch, aber man merkt an den Gebärden und dem Fluß der Rede, daß die Leute Schwung haben und gewohnt sind zu reden; während die Deutschen, selbst der verehrungswürdige Uhland und andere geistreiche Männer stotterten, daß man Mitleid mit ihnen haben mußte."

Am 14. Februar 1847.

„Hier in Wien haben die Leute doch noch einige Empfänglichkeit; aber draußen, in Preußen, Sachsen und diesen anderen negativen Staaten ist alles durch die Deutschtümelei und durch Hegel verdorben. Mit ihren Stücken, die sie von der Straße holen! Die Poesie ist — mir wenigstens — ein Flüchten aus der Wirklichkeit; damit es aber Gestalten werden, muß es in die Wirklichkeit zurückkehren. Poesie ist Ausgang a u s dem Leben und Rückkehr i n s Leben. Wer aber auch Intention und Idee aus dem wirklichen Leben entlehnt, der bietet uns Prosa. Die Wahrheit ist immer prosaisch, und die vergangenen Zeiten sind, da sie Gegenwart waren, ebenso prosaisch gewesen wie die heutige!"

Am 12. März 1847.

„Halm wäre ein ganz guter Dichter. Er hat die Gabe der Ausführung, und wenn man ihm einmal die Intention einer Szene zugiebt, so wird er sie gewiß zur Zufriedenheit lösen. Es ist ein Zufall, wenn er einen passenden Stoff findet, er macht daher auf ein recht gutes gleich wieder ein recht schlechtes Stück. —

Der Papst könnte froh sein, wenn die Katholiken nur halb so viel glaubten, als die Protestanten. Aber in Oesterreich gilt er noch, weil Damen, welche aus Langeweile, wie andere Weiber vor dem Spiegel sich putzen, auch ihre moralischen Locken kräuseln, weil diese, sage ich, zufällig in ihrer Bigotterie und Dummheit und Macht übereinstimmen. —

An dem jetzigen Zeitgeist gehen unsere zwei begabtesten deutschen Fürsten unter. Der baierische König, der so viel Kunstsinn unzweifelhaft besitzt, kann doch nicht ohne Anlagen des Verstandes und Gemütes sein; aber er ist andererseits wieder so wie der König von Preußen, dessen Unglück das größte ist, das man sich denken kann: als Mensch zu billigen, was er als König verwerfen muß. —

Ah! Die Jenny Lind! Sie ist wirklich eine Zauberin. Und es ist merkwürdig, wie sie sich in das deutsche Wesen hineingelebt hat. Sie selbst gesteht, sie verstehe sich erst, seit sie die deutsche Sprache gelernt hat. Dabei ist im gewöhnlichen Umgang zu bemerken, daß sie sich beinahe Gewalt anthut, ihre Empfindung zurückzuhalten."

Am 31. August 1847.

„Ich las kürzlich „Uriel d'Acosta". Ich finde, Gutzkow und andere haben Recht, zu thun, wie sie thun, weil das Publikum daran Gefallen findet. Es fehlt ihnen nicht an „falschem" Geist, und sie wissen eine Sache journalgerecht herauszuputzen. —

Ich habe Lenau nicht besucht. Ich habe ihm nie behagt, noch er mir. Das Wahrscheinlichste ist, er würde mich nicht kennen; oder wenn ja, so müßte er auf Kunst zu denken kommen, und das ist das Gefährlichste für ihn. Man sagt, sein Irrsinn sei infolge einer Gehirnerweichung eingetreten; allein diese pflegt langsam zu wirken, während sein Irrsinn fast über Nacht ausbrach. Ich sehe dessen Ursache vielmehr in seinen poetischen Stoffen und den — obwohl geistigen — Mitteln, sich zum Dichten zu zwingen, was bei ihm nicht von innen heraus kam. Um einen „Savonarola“ zu schreiben, muß man ein Dante sein. Wir alle, die wir jetzt leben, sind es nicht im stande. Dazu kam, daß er sich wegen dieser Stoffe in Studien stürzte, davon er nichts verstand. Er ging mit Geistersehern, wie Kerner, um, und wollte, was *ihnen* Meinung war, bei sich zur *Ueberzeugung* bringen. Mir sind alle seine Werke Meilenzeiger zu seinem jetzigen Wahnsinn. Am besten ist er noch in Naturschilderungen, wie in den ungarischen Scenen. Aber zu den philosophischen Stoffen fehlte ihm die Wissenschaft. Auf unseren Universitäten wird man nicht in die Wissenschaft eingeführt; man muß sie vom Anfang lernen; das thut man aber schwerlich, wenn man schon ein berühmter Dichter ist. —

Ueberhaupt ekelt mich das Treiben der Deutschen an, nicht nur in der Kunst, auch in Philosophie und Politik. An alldem ist Hegel schuld, der sie wieder in die alte Gottschedsche Charnier brachte, aus welcher Goethe und Schiller sie kaum gerissen hatten. Und sie rühmen sich Goethe und Schiller überwunden zu haben! Ja wohl haben sie sie überwunden! — Und wenn man nichts thut, so muß man auch nicht schreien. Ich versteh's auch nicht eine Konstitution zu erzwingen; aber wenn ich auch das und das wünsche, ich schweige. Aber die Deutschen schreien und — lecken dann den Stiefel ab. Das thut kein Mann, nicht einmal ein Mannsbild! —

Ich habe kürzlich in Littrows Schriften gelesen, und vieles mit Interesse. Ich kannte ihn persönlich, kam aber selten zu ihm. Er lud mich oft ein, mit ihm auf seinen „Turm“ zu gehen. Ich fürchtete aber verrückt zu werden.

In die Sterne schauen muß man an der Hand der Wissenschaft. Dem Astronomen sind sie Gegenstände der Berechnung; was aber soll ich mit dem Unermeßlichen? Ich kann mir dabei nichts denken; und wenn ich empfinde, könnte ich darüber zum Narren werden. Wir haben auf der Erde genug zu thun. Mein Grundsatz vor allem ist: „Was ich nicht lernen kann, damit gebe ich mich nicht ab.“ Was geht's mich an? —

Einst sagte mir der Graf v. Stadion: „In Oesterreich muß man reich oder ein Beamter sein, sonst gleicht man einem Hund ohne Halsband: Jeder kann ihn treten und schlagen.“ —

Am 26. September 1847.

„Lasse sich nur ja ein junger Mann nicht von einer Neigung hinreißen, zu heiraten. In der Jugend scheint es einem freilich unbegreiflich, wie man ohne die Kathel oder Resel leben kann? Aber es geht schon! Man muß es nur versuchen. — Wer wegen Geldes heiratet, ist ein Schuft; aber Nichts mit Nichts geht auch übel. Ich kenne viele junge Beamte, die sich damit ihre Carriere versperrten, weil sie in untergeordnete Verhältnisse heirateten. — Ich bin froh, daß ich schon alt bin (so leid es mir andererseits thut); denn ich verlebte meine Jugend doch in einer besseren Zeit, als die jetzige ist. Wer bei den heutigen Zuständen noch schreiben mag, den muß ich wirklich bewundern. Wer wird denn da den Herdentreiber machen!“

Am 9. Jänner 1848.

„Wenn Bauernfeld Trauerspiele schriebe, so hätte man ihn längst eingesperrt. Ihn rettet nur das, daß die geistlosen Leute gern lachen und nicht wählig sind, worüber sie lachen. Seine letzte Broschüre gegen Hügel beweist nichts; denn mit dieser exorbitanten Manier kann man nicht nur das Dumme, sondern auch das Gute lächerlich machen. —

Ein gebildetes Publikum heißt — ein nachbetendes Publikum. Bildung ist immer nur bei einzelnen. Das Publikum muß nach seiner natürlichen Empfindung urteilen. Darum sind mir die rohen Wiener noch immer lieber als die andern Deutschen. Der Gebildete bringt zum Glück oder — Unglück schon immer auch seine Gelehrsamkeit in die Empfindung. — Die Deutschen, die sonst so schätzenswerte Eigenschaften haben, haben auch das ewige Tappen und Niefinden und gar keine Festigkeit. Alle fünf Jahre ändern sie ihre Ansicht. In Frankreich brauchte es zwei Jahrhunderte, um dem genre romantique Eingang zu verschaffen. So haben auch die Engländer ihre Grundsätze; und wenn das auch wohl sein Uebel mitbringt, sie wissen doch, was sie wollen. —

Man wirft Kotzebue vor, daß er keine Ideen hatte. Er hat sie, die seiner Zeit. Für das große Publikum sind die Tagesinteressen der Geist der Zeit. Ueberall stehen sie bei Kotzebue im Hintergrunde, bald die falschen Rousseau'schen Ideen, dann wieder die Sklaven-Emanzipation — wie wir jetzt die deutsche Einheit haben. Jetzt nach dreißig Jahren lachen wir darüber und nach dreißig Jahren wird man über uns lachen. Das mit Recht verhöhnte Stück: „Menschenhaß und Reue“, dieses H . . . stück, ist ganz im lockeren Geschmack jener Zeit und mit wunderbarer Geschicklichkeit gemacht. Mir ist es tausendmal lieber als Uriel d'Acosta. —

Ich bin ganz für die Tantiemen. Man sagt freilich, da bekommt der viel, der ein schlechtes Stück schreibt, und der ein gutes schreibt, wenig. Ja! Ein Theaterdirektor ist zugleich ein Spekulant, und so ist es billig, daß er den Gewinn mit dem teilt, der ihm denselben verschaffte. Sollen die Leute nicht hineingehen, wenn sie nicht wollen, daß die schlechten Stücke viel eintragen! Wie soll ein ästhetisches Gericht von Theaterdirektoren entscheiden? Wenn Regierungen brutal sind, und das Publikum dumm, soll der Mäcen allein der Theaterdirektor sein und darüber zu Grunde gehen? Man mache es wie der Herzog von Weimar mit Goethe, und gebe den Dichtern eine Pension."

Am 15. Februar 1848.

„Man hat seit Jahrhunderten die Wissenschaften verfolgt, mit Ausnahme der physikalischen, mathematischen rc., die man für unschädlich hielt. Nun fällt es den Leuten auf einmal ein, eine Akademie der Wissenschaften zu haben. Aber es fehlen alle Vorbedingungen dazu. Die Architektur hat noch keine Mittel gefunden, einen vierten Stock zu bauen, wo noch kein erster ist. Man meint, die Leute werden gleich da sein, wenn man sie haben will, ohne zu bedenken, daß wir keine berühmten Gelehrten haben, da die, welche etwas leisten können, längst ins Ausland gegangen sind. Dichter hat man aufgenommen, weil wir nur in der schönen Litteratur Namen haben, von der Europa was weiß, ohne von der Idee auszugehen, daß alle Litteratur aller Völker mit der Poesie angefangen hat. Sie wollten einen Friedrich Halm und einen Patriarchen haben, und mich haben sie gewählt — um das Protektionswesen zu beschönigen, haben sie auch einen gewählt, den sie nicht mögen. — Ich lasse mich mit auslachen, aber austreten werde ich nicht. Ich gehe halt nicht hin!"

Am 1. April 1848.

„Ich bin nicht jung genug, um mich ganz der Freude zu überlassen. Ich sehe trüb. Die Slaven werden auf dem Reichstag die Majorität bilden, und so lieb es mir ist, daß der Stoß von Oesterreich ausging, hätte ich doch gewünscht, daß es von Preußen aus geschehen wäre, denn dort gab es schon einen Uebergang zur Freiheit. Wir hätten nachfolgen müssen und es wären uns die Nachteile einer Revolution erspart geblieben. —

Als ich in den Märztagen am Burgplatze stand, rief neben mir ein Franzose, in Bewunderung der kürzlich noch so stürmisch erregten und jetzt dankbar jubelnden Menge: „Quel peuple!“ — Ja, unser Volk ist gut! — Aber Ludwig XVI. hat man auch die Pferde ausgespannt und nach wenigen Jahren haben dieselben Pariser ihn guillotiniert.“

Am 27. Juni 1848.

„Es ist als ob alles wetteiferte, den Staat zu zerstören. Das Ministerium und das Volk machen dumme Streiche, der dümmste ist der Anschluß an Deutschland. Mir kommt das vor, wie wenn jemand eigene Menage führt und in fremde Kost geht. Wie werden die Ungarn einem König gehorchen, der in seinem eigenen Lande nicht Herr ist? Und den Böhmen haben die Wiener am 15. Mai bei der Sturmpetition ein formelles Recht gegeben, eine provisorische Regierung zu errichten. Die Polen aber haben sich, wie die Juden, unmöglich gemacht. Ich war und bin noch für die Emanzipation der Juden; aber jetzt ist nicht die Zeit dazu. Sie müssen sich erst rehabilitieren. Die Wiener haben sich hinreißen lassen. Was sie zu einem guten Publikum im Theater macht, dasselbe macht sie zu schlechten Politikern. Man spricht von Volksweisheit. Das Volk ist und war und wird dumm bleiben, außer wir haben einmal 80 oder 100 Jahre eine Konstitution. Ich bin schon vermöge meiner Profession ein Freund von allem, was Elevation heißt; aber man muß in dieser miserablen Welt — miserabel, weil die Menschen miserabel sind — ein Stück Prosa im Hinterhalt haben; man darf die Poesie nie ins Leben hineinziehen; sie ist etwas viel zu Erhabenes. Mir war immer dieses — Gesindel, das ins Theater geht und aus dem ich erst durch mein Stück ein Publikum machte, das liebste und sein Urteil hat mich immer gefreut. —

Ueberhaupt ist mir die ganze Revolution so durch die Finger gelaufen. Privatunglück hat mich fortgesetzt zerstreut. Auch habe ich mich seit je nur mit dem Reinen der Kunst und Wissenschaft beschäftigt; ich verstehe nichts von Politik und wüßte nichts Schlagendes zu sagen. Ich habe wohl mehrere Aufsätze angefangen, aber ehe sie beendigt sind, überkommt mich der Ekel über unsere Zustände. So lange ich die Nationalgarde, statt mit gesenktem Haupte, stolz herumgehen sehe, als ob sie Heldenthaten verübt hätte, kann ich mich nicht freuen. Wir brauchen vor allem Ruhe. Konstitution heißt Feststellung. Ich fürchte für unseren Reichstag. — Ich weiß, ich gelte für einen Schwarzgelben. Ich bin es auch; aber ein Schwarzgelber nach dem 15. Mai, nicht vor dem 13. März.

Aber alles das darf man nicht sagen; niemand glaubt es. Alles Lob den jungen Leuten, welche die Erhebung hervorgerufen haben, aber das Regieren sollen sie anderen überlassen. Knaben wollen die schwierigsten Fragen lösen, daran man in Frankreich, wo es doch gewiß nicht an gescheiten

Männern fehlt, gescheitert ist. Bis jetzt ist die Nationalgarde mehr noch ein Spiel. Gegen die Brüder Arbeiter hat sie Mut, weil sie weiß, daß die Krampen und Schaufeln nicht losgehen. Wie wäre es denn, wenn der Soldat auch 25 Kreuzer täglich verlangen würde? er verdiente es doch mehr; er muß für fünf Kreuzer sein Leben preisgeben.

Ich habe mein Vaterland und meine Landsleute so lieb; darum schmerzt es mich so sehr, zu sehen, wie das Reich schmählich zerfällt."

Am 10. Februar 1854.

„Der Fürst Schwarzenberg ist zu mir bis in den dritten Stock heraufgestiegen; aber er verschafft mir nicht die Möglichkeit, im ersten Stock zu wohnen. —

Da hat man mir einen Orden gegeben — ich weiß gar nicht, wie man das Band im Knopfloch befestigt!"

Am 18. Mai 1856.

„Unser Kaiser hat eine Gabe, einzunehmen, wie sie mir noch nicht vorgekommen ist. Als ich bei der Audienz war, und vorstellte, daß ich glaube, ich verdiene bei der Pensionierung doch etwas günstiger als jeder andere Manipulationsbeamte behandelt zu werden, sagte der Kaiser — ich weiß nicht mehr welche Worte — es waren nur wenige Worte der Anerkennung meiner litterarischen Leistungen, aber er sprach sie mit einer so gewinnenden Liebenswürdigkeit, daß ich uns nur Glück wünschen kann."

Am 24. August 1861.

„Sie (die Frauenzimmer) sind da, um die Unglücklichen glücklich, und die Glücklichen unglücklich zu machen. — (Halb scherzhafte Aeußerung.)

Ich bin unfähig, meine Meinung in vier Versen niederzuschreiben. Ich finde den Ausdruck, die Reime nicht, und wenn ich sie finde, vergesse ich sie, ehe ich sie niederschreibe — so geschwächt ist mein Gedächtnis. Hundertmal genannte Namen fallen mir nicht bei.

Ich lese jetzt den Aurelian, obgleich er mich langweilt, nur weil der Druck groß ist. Die neuen Bücher kann ich nicht lesen. —

Der ungarische Hochmut! — Stolz kann man's nicht nennen, denn der gründet sich auf wirkliche Verdienste. Welche Verdienste haben sie denn? Daß die Hußaren gute Soldaten sind! —"

Am 26. Dezember 1862.

„Ich bin froh, daß die Sitzungen (des Reichstages) vorüber sind, obgleich man sagen muß, daß genug gethan wurde. Wir kennen ja unsere Landsleute! Es war zu fürchten, daß sie da Unsinn reden werden. Im Ganzen ist es noch honorabel abgelaufen. —

Es scheint auch, daß Napoleon, durch seine Kränklichkeit gezwungen, die ewigen Hetzereien aufgeben will. So hätten wir endlich wieder Ruhe zu erwarten. Die Ungarn werden ja wohl auch einsehen, daß es so nicht geht. Bleibt nur die Finanznot! —

Ich bin mit Uhland nur zweimal zusammengekommen, in Stuttgart und dann in Wien.

Wenn man schon 70 bis 80 Jahre alt ist, ist es in der Ordnung, daß man stirbt. Darum hat mich auch, ich gestehe es, die Nachricht von seinem Tode nicht besonders ergriffen.

Er war ein durchaus redlicher, liebenswürdiger Mann. Aber im Jahre 1848 hat er sich auf die Politik geworfen und wie sich ein Dichter auf dieses Feld begiebt, ist er als Dichter verloren. Hartköpfig wie alle Schwaben, war er immer gegen den König, der die besten Absichten hatte und dem sich die Leute recht gut hätten vertrauen können. Aber Uhland war von denen, die immer noch mehr wollen. Und nicht daß er die höheren Fragen der Politik behandelt hätte — nein! über Malz- oder Schmalzsteuer, oder was weiß ich, hat er geredet.

In Wien hat er im Archiv nach alten Manuskripten gestöbert, um alte Volkslieder zu finden. Nun — ich kann unrecht haben, vielleicht hat er unrecht — ich habe darauf nie viel gehalten. Er war im stande, einen Umweg von vierzig Meilen zu machen, um eine andere Lesart eines alten Liedes zu erlangen.

Das alles hängt mit der Deutschtümelei zusammen, die mir von jeher zuwider war. Ich bin auch ein Deutscher, aber ich wäre ebenso gerne ein Franzos oder Italiener oder Ungar. Zwar — ein Italiener nicht, denn die sind heute gar zu miserabel. Aber ein Ungar, wenigstens um meinen Landsleuten zu sagen, daß ich von ihren Verkehrtheiten nichts halte.

In Wien hat Uhland sich so verstockt benommen, und vielleicht wegen seines schwäbischen Dialektes, daß ich mehr als einmal die Leute, die ihn fast wie einen Trottel betrachteten, erinnern mußte, daß sie es ja mit dem Dichter Uhland zu thun haben.

Wir alle reden auch im Dialekt, der Oesterreicher wird jedoch nie lächerlich werden. Aber wenn der Schwabe Geischt statt Geist sagt, lacht alles — so wie wenn der Sachse sein singendes Hochdeutsch anfängt.

Uhland konnte sagen — so wie ich von mir — die Musen haben mich, nicht ich die Musen verlassen."

Am 12. August 1863.

„Pollhammer ist mir ein Vermächtnis Zedlitzs. Ein talentvoller junger Mann, nur mehr Schwung sollte er haben. Man wollte, ich sollte ihn beim Publikum einführen, wie Geibel — ich weiß nicht mit wem? — es gethan. Aber ich halte das für eine Anmaßung.

(Ueber Napoleons: „Das Leben Cäsars").

Das war die ärgste Unverschämtheit! Aber endlich werden die Leute doch erkennen, daß die Napoleons eine korsische Banditenfamilie sind."

Am 1. November 1870.

„Als Deutscher muß ich mich über den Erfolg dieses Krieges (gegen Frankreich) freuen, aber ich fürchte die Präponderanz Preußens fast noch mehr als die Frankreichs. Bismarck wird nun nach allen Ländern, wo noch ein deutsches Wort gesprochen wird, seine Hand ausstrecken.

Von Rußland besorge ich weniger, denn wenn der Kaiser jetzt die Gelegenheit nicht benützte, sich in Deutschland einzumengen, so wird er es künftig kaum eher.

Ich bin froh, daß ich 80 Jahre alt bin und von den Weltereignissen wenig mehr berührt werde. Und wie es heute bei uns aussieht, muß ich sagen, ich bin kein Deutscher, sondern ein Oesterreicher, ja ein Niederösterreicher, und vor allem ein Wiener. —

Es kann noch immer ein unerwartetes Wunder kommen. Ich denke noch daran, wie im Jahre 1811 alle Welt den Kaiser Napoleon für unbesiegbar hielt und die Hände in den Schoß legte. Nach einem Jahre ist er mit seinem ganzen Heer in Rußland durch den Frost umgekommen. So kann auch heute die preußische Macht gebrochen werden."

Am 10. März 1871.

(Nach der Feier seines 80. Geburtstages.)

Ich: „Ich komme um zwei Monate später mit meinem Glückwunsch als alle übrigen.“

Grillparzer: „Ich bin überzeugt, daß Sie an mich dachten, wenn Sie mir auch kein Wort sagten. Das Ganze hat mich krank gemacht. Sie kennen mich, daß ich nicht affektiere, aber es hat meine Nerven zu tief ergriffen. — Und wie geht es Ihnen?“

Ich: „Ich will sagen — gut.“

Grillparzer: „Ja, es geht so schlecht in der Welt, daß der einzelne über seine Lage nicht klagen soll. — — Löwe war ein recht brauchbarer Schauspieler mit seinem wilden Losstürmen. Aber die früheren Theaterdirektoren hatten ihn so verwöhnt, daß er unter Laube glaubte auch stets seinen Willen durchsetzen zu können. —

Die Welt ist so zerfasert, daß heute ein Talent kaum bemerkt wird. —

Auf meinem Kopf liegt ein beständiger Druck. Lenau ist wahnsinnig geworden — ich fürchte, ich werde blödsinnig. Ich wollt', es wäre vorüber!“

Am 12. September 1871.

„Die Polen und Czechen wird man nie befriedigen. Je mehr man ihnen giebt, um so mehr werden sie verlangen. (Bitter): Sie haben Recht! Man hat den Ungarn auch alles bewilligt! — Wir brauchten fünf Jahre einen Bismarck — der würde schon mit ihnen fertig werden! —

Ich war heuer drei Monate in Baden, da hat es fast täglich geregnet; seit ich zurück bin, ist schönes Wetter. Jetzt kann ich kaum noch geh'n.“

(Als ich schon an der Thüre war, rief er mir mit wehmütig freundlicher Stimme nach): „Denken Sie an mich, wenn ich nicht mehr bin!"

Und ich habe ihn seitdem nicht wieder gesehen!

Abschrift

eines Briefes von Franz Grillparzer an N. Karhan, einen früh verstorbenen jungen Dichter.

„Ich habe Ihre Gedichte mit wahrem Anteil gelesen. Besonders die reimlosen sind voll männlicher Gedanken in schönem, eigentlich poetischem Ausdruck. Dagegen schienen mir die gereimten häufig schwächer. Der Gedanke kämpft mit der Form und diese letztere ist nicht genug durchgearbeitet, nicht scharf genug ausgeprägt. Es ist zwar überhaupt ein Fehler der neuern Zeit, durch das mißverstandene Beispiel Goethes in Deutschland an der Tagesordnung. Man muß aber nur um so mehr dagegen ankämpfen.

Gedichte sollen nur demjenigen leicht erscheinen, der sie liest, dem Dichter selbst müssen sie nicht nur ein Genuß, sondern auch eine Arbeit sein. Gediegenheit der Form ist die zweite gleich wichtige Hälfte jeder Kunst. Der nackte Gedanke gilt nur in der Philosophie, nur in der Wissenschaft macht das Kleid nicht den Mann. Wer so reich ist wie Goethe und Shakespeare, mag immerhin mitunter die rohen Barren auswerfen, wir anderen müssen uns hierin eher Schiller und Uhland zum Muster nehmen. D'rum etwas mehr Sorgfalt, den Gedanken gehegt, die Form durchgearbeitet und Sie sollen sehen!

Mit aufrichtiger Achtung

Grillparzer."

Ueber Grillparzer, den Dichter, zu schreiben, halte ich mich nicht für berufen, obgleich seit einem halben Jahrhunderte das Studium seiner Werke meine Lieblingsbeschäftigung bildet. Ueber den Menschen Grillparzer ist viel und von vielen geschrieben worden und doch möchte ich zweifeln, ob sein Charakterbild bisher treu gegeben wurde. Weit entfernt von der Meinung, dieses besser zu treffen als andere, dürfte denn doch mein dreißigjähriger Verkehr mit Grillparzer mich berechtigen, nicht ein Urteil über ihn zu wagen, aber doch einzelne Beiträge zu einem solchen zu liefern.

* * *

Eines Tages, als ich zu Katharina Fröhlich mich darüber aussprach, mit wie warmer Freundlichkeit Grillparzer mich schon bei meinem ersten Besuche aufgenommen habe, sagte sie: „Das hatte eine besondere Bewandtnis. Sie heißen Adolf und waren damals siebzehn Jahre alt. Im selben Alter stand Grillparzers jüngster Bruder Adolf, als er plötzlich starb."

Und dieser Mann, den ein so zufälliger Umstand für einen, ihm völlig unbekannten, von niemand empfohlenen jungen Menschen nicht nur auf einen Augenblick, sondern für immer günstig zu stimmen vermochte, galt und gilt noch heute bei manchen für harten Gefühles. Warum? Weil er, der strengste Richter seiner selbst, in einigen Stellen seiner Werke sich anklagt, bei dieser oder jener Gelegenheit sich auf einer Kälte überrascht zu haben? Oder weil er — wie sein Vater — für das, was er fühlte, selten die richtige Aeußerung fand? Oder endlich — weil er Kathi

Fröhlich nicht zum Altare geführt hat? Grillparzer selbst hat dieses Liebesverhältnis in seiner Autobiographie für eines jener Geheimnisse erklärt, über welche er nicht Herr sei. Und so sollten auch wir anderen uns bescheiden, und nicht aus Sucht, etwas Pikantes zu erzählen, Vermutungen für Thatsachen geben.

Ebenso schnell bereit sind manche mit dem Ausspruch: „Grillparzer hatte wenig oder keine Widerstandskraft gegen Ungemach und Unglück.“

In Wirklichkeit aber war er weder körperlich verweichlicht, noch beugte er sich vor Hindernissen, die seinem geistigen Streben feindlich entgegentraten. Er hatte den Mut, in Oesterreich zu bleiben, wo man ihn drückte, weil er es für seine Pflicht hielt, bei seinen Landsleuten und Mitstrebenden auszuharren. Wer diesen Mut für etwas Geringes hielte, würde eben nur beweisen, daß er keine Ahnung hat von den Zuständen, wie sie bis 1848 in Oesterreich herrschten. Er beugte sich nicht damals vor den Schergen Metternichs und beugte sich später nicht vor den Demagogen. Man schalt ihn servil, man schalt ihn liberal — er aber war immer derselbe, ein treuer Oesterreicher und zugleich „ein treuer Diener seines Herrn“.

Wenige haben einen Begriff davon und ein Verständnis dafür, daß ein Mann, dessen Sinnen und Trachten auf die höchsten geistigen Ziele gerichtet ist, unwillig wird, wenn das Kleinliche sich aufdringt, als ob es wichtig wäre. Ein Berühmter wird immer viele Eitle verletzen und den Beschränkten lächerlich erscheinen. Wenn Grillparzer durch die belebtesten Straßen Wiens oder in dem von Tausenden besuchten Prater einsam dahinschritt, den Kopf sinnend zur Seite geneigt, die Hände rückwärts gekreuzt und nichts und niemanden sah, zuweilen mit sich selbst redend wie in seinem einsamen Studierzimmer, da mochten manche ihm verwundert, wohl auch spottend nachschauen.

Monologische Naturen nennt Kant solche Menschen, die alles mit sich allein ausmachen. Die Leute haben ein anderes Wort dafür.

Und dieser ernste, in sich gekehrte Mann konnte heiter scherzen, wie kein zweiter, bald harmlos, bald voll köstlicher Satire. Dann erzählte er gern.

So gab er mir einmal Folgendes zum besten.

„Was man als Anekdote in der Schule gelesen hat, das kann man später wirklich erleben. In früheren Jahren machte ich, immer allein, häufig Ausflüge in Wiens herrliche Umgebungen. Eines Tages fuhr ich bei Greifenstein über die Donau. In denselben Kahn war mit mir ein schon bejahrtes Weib eingestiegen, das eine Butte voll Obst auf dem Rücken trug und stehen blieb. Ich sagte dem Weib, es solle sich doch niedersetzen, wie ich, und die Butte neben sich stellen. Die Antwort war: Was denken's denn, mein liaber Herr? D' Butten war ja viel z'schwar für die Zill'n. —"

„Ein andersmal strich ich durch die Gehölze um Dornbach. Da bemerkte ich auf einem mächtigen Baumast einen Mann sitzen, der ein großes Tintenfaß an einer Schnur um den Hals hängen hatte, und so eifrig schrieb, daß er mein Näherkommen gar nicht gewahr wurde. Ich trat ganz dicht an den Baum und erkannte in dem Manne — Ferdinand Raimund. Erstaunt und lachend rief ich ihn an: Was machen Sie denn da? Wie sehen Sie denn aus? Ohne ein Zeichen von Ueberraschung erwiderte Raimund: „Wie soll i denn ausschaun, wenn i auf d' Bam steig' und dicht'?" — Und ohne sich weiter um mich zu kümmern, schrieb er wieder und ließ mich gehen."

Nicht ohne Humor war auch die Art, wie er einen jungen Mann der Bühne abwendig gemacht hat. Ein kaum zwanzig Jahre alter Studierender der Wiener Universität, aus guter Familie, schwärmte für Poesie und Theater. Grillparzer zeigte ihm freundliche Teilnahme, solange es sich nur um Verse handelte; aber als der junge Mann ihm den Entschluß, sich der Bühne zu widmen, eröffnete, fehlte es nicht an den eindringlichsten Gegenvorstellungen. Als diese fruchtlos blieben, beschloß Grillparzer — zu sehr Menschenkenner, um eine unüberwindliche Neigung mit Vernunftgründen bekämpfen zu wollen — den künftigen Garrik mürbe zu machen. Er verschwor sich mit dessen Vater und mit v. Holbein, dem damaligen Direktor des Wiener Hofburgtheaters. Unser Jüngling wurde unter dem Künstlernamen Adolphi als „Praktikant des Hofschauspiels“ mit 25 Gulden Monatsgage angestellt. Vier Monate lang ließ er es über sich ergehen, nur Statistendienste zu verrichten und den Mortimer, Don Carlos und viele andere jugendliche Helden in seinem Busen zu unterdrücken. Er war noch nicht mürbe geworden. Im Winter 1840/41 kam ein Trauerspiel, ich glaube, „Elisabeth von England“ war der Titel, zur ersten und — letzten Aufführung. Der Verfasser war eine Dame. Das Stück mußte, entgegen dem einsichtigen Rate des Direktors, auf „höheren Befehl“ aufgeführt werden. Der Durchfall war zweifellos. Schon die ersten Scenen weckten die „Heiterkeit“ des Publikums, und diese stieg von Akt zu Akt. In dieser Stimmung des Publikums trat im dritten Akt Herr Adolphi auf, als Soldat, und hatte nichts zu sprechen, als: „Ja wohl, Herr Hauptmann.“ Das war seine ganze Rolle. Er sprach diese Worte mit einem Pathos, das eines Helden würdig gewesen wäre. Aber dieser englische Soldat war von dem

— mitverschworenen — Garderobemeister in eine Hose und in einen Waffenrock gesteckt worden, die für den langen Herrn Adolphi viel zu kurz waren. Dieses Kostüm und jenes Pathos entschieden über das Schicksal des Künstlers — er wurde ausgelacht. Wie sinnlos lief er in die Garderobe, kleidete sich um, stürmte aus dem Theater in die Nacht hinaus, durch alle Straßen der Stadt, bis er später, völlig erschöpft, das Elternhaus suchte und am folgenden Morgen dem Vater seinen Entschluß erklärte, der Bühne zu entsagen. Herr v. Holbein, dem er sofort seinen Austritt anzeigte, lächelte diplomatisch; Grillparzer umarmte ihn — gestand ihm aber erst nach Jahren die Verschwörung. Diese etwas drastische Kur hat aus einem talentlosen Jünger der Thalia einen würdigen Priester der Themis gemacht.

„Wer Kunst und Wissenschaft besitzt, der hat Religion.“ Im Sinne dieses Ausspruchs von Goethe hatte Grillparzer Religion. Was den Kultus betrifft, dachte er darüber als ein alter Josefiner. Einmal äußerte er zu mir: Kranke pflegen und trösten, ist gewiß ein edler Beruf, ein Werk der Selbstverleugnung und Selbstaufopferung. Und dafern ein Frauenzimmer allein steht, und in der Welt niemanden hat, dem es Liebe und Dank schuldig ist, dann kann man es nur loben und bewundern, wenn es barmherzige Schwester wird. Wer aber Vater, Mutter, Bruder oder sonst wen hat, der im Alter und in der Krankheit Hilfe von ihm erwartet, setzt durch den Eintritt ins Kloster mit Unrecht eine nähere Pflicht der entfernteren nach.

Wenn es wahr ist, daß seine Umgebung den Empfang der Sakramente der Sterbenden von ihm ferne hielt (obgleich der Partezettel dawider zeugt), so mochte man kaum gegen seine Ueberzeugung gehandelt haben.

Als ich mit Grillparzer bekannt wurde, zählte er noch

nicht fünfzig Jahre, er schien aber älter, auch kleiner, als er war. Das kam von seiner gebeugten Haltung des Oberkörpers und Neigung des Kopfes auf die rechte Seite.

Obgleich er sich in seiner Jugend durch alle Arten von körperlichen Uebungen abgehärtet hatte, zeigte er sich oft empfindlich gegen ein rauhes Lüftchen. Er wurde nicht müde, über den Wiener Schuster zu klagen, der ihm für die Orientreise enge Schuhe gemacht hatte. Dieses grämliche „Raunzen“, wie man es in Wien nennt, über leibliches Unbehagen war aber vielleicht nur ein Mittel, seinem Unmut über Dinge, die er nicht erwähnen wollte, Luft zu machen.

Was er hie und da in seinen Werken über allerhöchste Personen sagte, war ein noch mildes Urteil im Vergleich zu seinen Aeußerungen im Verkehr mit vertrauten Personen. Ein Oesterreich ohne Habsburger vermochte er sich gar nicht zu denken, und in diesem Sinne verschmolz sein Patriotismus mit seiner dynastischen Treue. Aber die Regierungen unterwarf er seinem kritischen Verstande. Wenn er in einigen seiner Gedichte so schrieb, daß seine Gegner ihn einen Hofpoeten schelten durften, so mag er wie Perikles gedacht haben, der die Athener wegen der Tugenden belobte, die sie nach seinem Wunsche haben sollten, um vollkommen zu sein.

Oefters traf ich bei Grillparzer einen Herrn, der mir wegen seiner körperlichen Derbheit ebenso unangenehm war, wie wegen seiner vertraulichen Art, mit dem Dichter zu reden. Dieser verwendete ihn, wohl nicht ohne Entgelt, zur Besorgung verschiedener kleiner Angelegenheiten, die ihm, Grillparzer, stets lästig war. Als man ihn darauf aufmerksam machte, daß dieser Herr ihn übervorteile, antwortete er: „Wenn nicht der mich hintergeht, so thut es ein anderer." Derselbe Herr spielte auch gern den Verehrer der Kunst. Eines Tages war er, als ich eintrat, eben fortgegangen. Grillparzer lachte herzlich und sagte zu mir: „Gestern erst hat er im Goethe gelesen: ‚Es ist dafür gesorgt, daß die Bäume nicht in den Himmel wachsen.' Und um mir das zu sagen, ist er heute eigens zu mir gekommen!"

In den letzten Jahren, als Grillparzer bei den drei Schwestern Fröhlich wohnte — versteht sich: in einer besonderen Abteilung — öffnete dem Besucher ein Dienstmädchen, welches auf die Frage, ob Grillparzer zu Hause sei? in der Antwort immer nur von „unserem Hofrat" sprach. Sie war weder jung noch schön, aber von einnehmender Freundlichkeit; sie fühlte es mit Stolz, bei einer solchen Herrschaft zu dienen. Einmal, als ich bei Grillparzer war, trat sie mit einem Glas Wasser in das Zimmer. Nachdem sie sich entfernt hatte, schaute er ihr mit dem ihm eigenen wohlwollenden Lächeln nach, und zu mir gewendet, sagte er: „Unser Edelstein." — Nie habe ich Grillparzer in einem Schlafrock getroffen. Zu Hause trug er eine Jacke von verschossener grauer Farbe und von höchst fragwürdigem Schnitt. Da er selbst darüber zu spötteln pflegte, so blieb den anderen nichts übrig, als die Sache in der Ordnung zu finden.

Im neuen Rathause in Wien ist ein Grillparzer-Zimmer mit den Einrichtungsstücken, die sein Wohn- und zugleich Studierzimmer enthielt. Ob sich wohl auch der kleine Balsac dort befindet, der neben dem Lehnstuhl des Dichters, unweit seines Schreibtisches stand? Ein Balsac, so klein, daß er für ein Kind von vier bis fünf Jahren gepaßt hätte. Dieser winzige Balsac muß seine Geschichte haben. Ich wagte nie, Grillparzer oder Fräulein Fröhlich darüber zu befragen.

Grillparzer gesteht an mehreren Stellen seiner Werke, daß er ungern jemanden verpflichtet sei. Zu seinen wärmsten Verehrern gehörte sein Hausarzt Dr. Preiß. Weil aber dieser nie ein Honorar von ihm annehmen wollte, so „bleibe ich lieber gesund", meinte der alte Herr. Als Grillparzer, schon hochbejahrt, infolge eines Sturzes schwerhörig geworden war, erzählten mir die Schwestern Fröhlich, wie er sich jetzt erinnere, es Beethoven verübelt zu haben, daß dieser über den Verlust seines Gehörs seinen Unmut in jener ungestümen Weise äußerte, die dem Temperament des berühmten Komponisten eigen war. Grillparzer bedauerte nun sein damaliges strenges Urteil und trug das gleiche Unglück mit Ergebung, wenn auch nicht ohne Klage.

Im gewöhnlichen Verkehr sprach Grillparzer jenes „Wienerisch", welches unter den Gebildeten in Wien üblich ist und sogar den Fremden nicht mißfällt; dasselbe ist vom Hochdeutschen ebenso entfernt, wie von der Mundart des gemeinen Volkes. Aber im Umgang mit Fremden oder in erregter Stimmung sprach er ein reines Deutsch, und im Eifer konnte er seine Umgebung so übersehen, daß es zuweilen schien, als spräche er mit sich.

Nicht leicht ist ein Mann von der Bedeutung Grillparzers in der Stadt, wo er geboren ward und 80 Jahre lang rühmlich wirkend gelebt hat, so unrichtig beurteilt, ja verkannt worden, wie eben er. Es galt als ausgemacht: „Grillparzer ist ein Menschenfeind." Wohl wahr, er liebte die Einsamkeit, befand er sich doch da in vortrefflicher Gesellschaft mit seinen Gedanken und mit seinen Büchern. Auch wich er gern der müßigen Neugier und der Aufdringlichkeit aus — wer dürfte ihm das verübeln? Aber gewiß war selten ein großer Mann so zugänglich, wie Grillparzer, besonders der Jugend und den Strebenden. Wenn an die

Thüre seines stillen Gemachs gepocht wurde, klang das „Herein!“ seiner weichen Stimme so freundlich (mit dem leisen Anklang einer Frage), als wüßte er, es werde jetzt ein angenehmer Besuch eintreten. Und auch den Unwillkommenen ließ er nicht gerne fühlen, daß er Störung bringe. Obgleich eben durch den Besuch aus dem Denken, Lesen oder Schreiben herausgerissen, ging er mit bereiter Teilnahme auf das Anliegen auch eines Fremden ein, oder wußte den Bekannten durch sein lebhaftes, stets lehrreiches Gespräch zu fesseln. Ein herzliches „Leben Sie recht wohl!“ bekam fast jeder auf den Weg mit.

Er war die Nachsicht selbst, wenn er mit unzulänglichen Kräften nur guten Willen gepaart fand; freilich über ihm gefährlich scheinende Richtungen oder gar über Gemeinheit konnte er mit flammendem Eifer, auch mit tiefer Bitterkeit reden. Ueber sich selbst und sein Wirken war er, wo er Vertrauen zeigen durfte, keineswegs verschlossen, immer voll Bescheidenheit, doch auch nicht ohne Selbstgefühl.

Hatte er eine launige Stunde, so pflegte er, was ihm sonst verdrießlich war, wohl auch mit einem schalkhaften, zuweilen mit einem derberen Worte abzuthun.

Eine Sonderlichkeit Grillparzers, unter der er selbst am meisten litt, war, sich stets für weniger gesund zu halten, als er wirklich war. Schon mit fünfzig Jahren klagte er über Abnahme des Gedächtnisses — während er doch seine Umgebung oft in Erstaunen setzte, wenn er die getreueste Auskunft über historische Daten älterer und neuerer Zeit wie keiner sonst zu geben wußte. Ebenso klagte er über schlechtes Augenlicht, las aber griechische Bücher — ohne Brillen.

Von den Czechen sagte er: „Die ganze Nation geigt und bläst, und hat doch keinen einzigen großen Musiker aufzuweisen.“

War er human? Seltsame Frage! Seine Herzensgüte wurde oft mißbraucht — sogar von Blutsverwandten, wie sein Testament beweist. Er schalt und — erzeigte wieder Wohlthaten. Doch widerte ihn, wie jede Uebertreibung, auch die philanthropische an. In solchem Sinne sind folgende sonst zu herb klingende Worte zu verstehen: „Ich glaube, die Menschen sind bestimmt, einander aufzufressen. Das Gehenktwerden thut nicht weh. Immer besser, als Jahre lang am Krebs oder ähnlichem zu leiden. In dieser Hinsicht bin ich Tyrann. Das erstemal soll man milde strafen. Wer aber öfters stiehlt und dergleichen, dem gehört der Strick. Kaiser Josef hat die Todesstrafe abgeschafft, dafür Verschärfungen eingeführt, wie Schiffziehen. Das ist noch härter. Wer sich wie eine Bestie beträgt, soll auch als solche behandelt werden. Und in Turin wollen sie jetzt die Todesstrafe abschaffen (1865)! In Italien! Unter diesen Banditen! Humanitätsschwindel!“

Nebenbei sei bemerkt, daß auch Schiller nicht zu den Gegnern der Todesstrafe gehörte.

Schonender als Grillparzer konnte kaum jemand Irrende aufrichten. Einen jungen Mann, der trotz mahnenden Abratens seine Bahn verfehlt und dies zu spät erkannt hatte, tröstete er mit dem Zuspruch: „Wer Verstand hat, will selbst erfahren, sonst ist er nicht überzeugt.“

Einem jungen Poeten, der „Mohamed“ dramatisch bearbeiten wollte, aber seiner unerfahrenen Jugend wegen schüchtern um Rat fragte, antwortete er: Auch mich hat dieser Stoff angezogen, aber stets schien er mir etwas unzugänglich. Doch versuchen Sie es! Hier kann die Erfahrung durch Begeisterung ersetzt werden. Denken wir an den Faust des jugendlichen Goethe!“

Weniger war bekannt, welch gründliche Musikkenntnisse

Grillparzer besaß. Auf dem Klavier war er nahezu Meister. Eine kleine Komposition und der Beifall, den er damit bei einem von ihm hochgeschätzten Kenner fand, freute ihn fast mehr, als der Erfolg eines seiner Dramen. In den letzten Jahren, seit er infolge eines Sturzes schwerhörig geworden, empfand er es schmerzlich, daß sein Klavier unberührt stehen mußte.

Für den später als Kaiser so unglücklichen Erzherzog Max hegte er die wärmste Teilnahme, sowie auch dieser stets die höchste Verehrung für den Dichter und Patrioten Grillparzer an den Tag legte. Pietätvoll bewahrte der letztere einen Lorbeerkranz, den einst der noch jugendliche Prinz im Schönbrunnengarten gepflückt und gewunden, und ihm mit einem sinnigen Gedichte übersendet hatte.

Viel wurde seinerzeit über des Dichters Gegnerschaft mit Halm gefabelt. Allerdings kränkte es Grillparzer, der die Stelle eines Direktors der Hofbibliothek als die einzig ihm wünschenswerte bezeichnete, selbe nicht erhalten zu haben und sich dem Baron nachgesetzt zu sehen. Aber jene Gegnerschaft ist älteren Datums, als diese Bewerbung, und galt nicht dem Menschen, sondern dem Dichter Halm. Ueber dessen Arbeiten äußerte er schon im Jahre 1842: „Halm wird ein Effekthascher werden und kaum mehr die Wahrheit treffen. Es fehlt ihm gänzlich an dramatischem Verständnis; er versteht nur auszuführen — es ist ein Zufall, wenn er einen passenden Stoff findet. Er wird es nie weiter bringen.“ — Und bei einer späteren Gelegenheit (1843): „Es ärgert mich, daß Halm seinen „Sampiero“ in Prosa schrieb. Das zeigt, daß er keinen inneren Halt hat.“ — Und endlich im Jahre 1847 über Halms „Donna Maria da Molina“: „Ich habe das Original gelesen, wonach Halm sein neuestes Stück bearbeitet hat. Nun, und da hab' ich denn gesehen, daß jenes eines von den Stücken ist, die man ebensowenig wie die Shakespeareschen bearbeiten soll. Dann hat Halm aus dem „Don Diego", der im Original der einzige Held ist, einen faden Schmachtling gemacht, und überhaupt ist dessen Verhältnis zu „Maria", wenigstens nach meiner Empfindung, ein ekelhaftes, sinnlich-sentimentales. Ich halte das Stück für ganz schlecht." — Nach seiner Rückkehr aus dem Orient rief er mit patriotischem Schmerz: „Es war mir, trotz allen Mühsalen, einiger Trost, ein Land zu sehen, wo es noch trauriger aussieht, als bei uns!" — Ob Freiheit von Amt und Dienst ihm zuträglich gewesen wäre? Er selbst erzählte einmal: „In jungen Jahren ging's mit dem Dichten am leichtesten, wenn ich vielbeschäftigt war. Als ich beim Gefällsgericht von früh bis abend Schmugglergesindel verhören mußte, kamen mir die besten Einfälle — bessere, als später bei mehr Muße." Auf „Komödianten" war er nicht gut zu sprechen, setzte aber bei: „Am Ende ist's ein Stand wie ein anderer, und ein tüchtiger Schauspieler ist aller Achtung wert. Aber Leute mit poetischen Anlagen sind sehr selten gute Schauspieler geworden. Holtei hatte die glänzendsten Verhältnisse aufgegeben, um Schauspieler zu werden, und gestand zuletzt, daß es der unseligste Schritt seines Lebens war. Ist denn ein Händeklatschen so viel wert?" Ueber den Hofschauspieler Korn that er den Ausspruch: „Er war anfangs ein rein empfindender Mensch, dann wurde er ledern — aus Eitelkeit." Als die Hofschauspielerin Peche sich ganz dem Schmerze über den Tod ihres Kindes hingab und einige Zeit von der Bühne sich zurückzog, äußerte Grillparzer: „Wäre sie noch bei einer wandernden Truppe, so müßte sie spielen, und würde sich trösten oder doch zerstreuen. Aber bei ihr kommt der Aberglaube dazu, der Verlust ihres Kindes sei eine Strafe Gottes für — was weiß ich was?“ Unmittelbar nach einer Reichsratssitzung, in welcher „Viel Lärm um Nichts“ aufgeführt worden war, rief er halb verdrießlich, halb scherzend: „I nu! Man muß fürs Vaterland nicht nur sterben, sondern auch sich langweilen können!“ — Große Achtung hegte er (was bei Poeten nicht häufig) für Fachgelehrte. So sagte er einst zu Hammer-Purgstall: „Ihnen höre ich immer mit offenen Ohren und — offenem Munde zu.“

Eines Tages zeigte er mir ein altes Buch, in dem er bei meinem Eintritt eben gelesen hatte, und bemerkte: „Es ist doch sonderbar, mit wie wenig Rücksicht die alten spanischen Schriftsteller, in deren Werken doch Religion, eigentlich Wunder- und Aberglaube, eine so große Rolle spielt, zuweilen geistliche Personen behandeln. Da kam mir vor einiger Zeit diese alte Komödie zur Hand — Titel und Verfasser unbekannt, denn das erste Blatt fehlt. Schon der Name der Hauptperson, der Oberin eines Klosters, ist anstößig; sie heißt nämlich mater Circumcisio. Und in dieser Art geht es fort durch das ganze Stück. Aber man muß lachen, und eine schlimmere Absicht mochte der Verfasser wohl kaum gehabt haben. Die Italiener in ihren alten Novellen machen es nicht besser.“

Ueber „Ein Bruderzwist in Habsburg“ äußerte Grillparzer zu mir: „Von den Gründen, die mich bestimmten, dieses Stück zurückzulegen, war einer der, daß am Schluß Wallenstein und die Aussicht auf den dreißigjährigen Krieg erscheint — eine Vorhersagung post festum, die ich z. B. an Halms Trauerspiel „Sampiero“ selbst getadelt habe.“

In einem Briefe an mich schrieb Grillparzer am 22. März 1858: „Leider schaden uns unsere Versehen im Leben mehr, als unsere Vergehen. Die Hauptschwierigkeit wird sein, den Ekel, den gebildete Menschen gegenüber den ungebildeten haben, nach Möglichkeit zu bezähmen und vor allem im äußeren Benehmen nicht sichtbar werden zu lassen.

Und unterm 7. Juni 1861 schrieb er mir: „Ich habe Sie jemand empfohlen, der die Macht und den Willen hat, Ihnen nützlich zu sein. Freilich aber wer hat denn heute Macht und wer kennt denn sein eigenes und unser aller Morgen?"

In diesen Worten spiegelt sich die trübe Stimmung, welche damals die Besten in Oesterreich beherrschte, weil die neue Gestaltung der Verhältnisse nicht geeignet schien, den Einheitsstaat zu begründen, der immer Grillparzers Ideal war und auch heute das Ideal aller ist, die es mit Oesterreich redlich meinen.

Zur Charakterisierung gewisser Klassen unserer Gesellschaft mögen folgende kleine Züge dienen.

Am 18. März 1871 wurde „Medea" als Wohlthätigkeitsvorstellung gegeben. Die Preise waren dem Zwecke entsprechend erhöht. Am Vormittag desselben Tages befand ich mich zufällig in der Buchhandlung Wallishausser, als eine in den Wiener vornehmen Kreisen für ästhetisch geltende Frau eintrat, und, so nebenher erwähnend, daß sie sich eben eine Karte für „Medea" um 10 Gulden gelöst habe, ein Exemplar dieses Trauerspiels begehrte, aber nicht kaufte, weil ihr der Preis von 1 Gulden 80 Kreuzer zu hoch war.

Ein sehr wohlhabender Herr meiner Bekanntschaft, der selbst Schriftsteller war, ersuchte mich, ihm meine Grillparzer-Broschüre (welche 80 Kreuzer kostete) zu leihen.

Die erste Gesamtausgabe von Grillparzers Werken enthält eine Unzahl entstellender Druckfehler. Ich schrieb darüber in der „Deutschen Zeitung“ eine Strafpredigt und wies z. B. in dem Gedichte „Die Ruinen des Campo vaccino“ ein Dutzend solcher Fehler nach. Eine von ihrer litterarischen Bildung sehr hoch denkende Frau nahm mir das gewaltig übel, und meinte, sie habe dieses Gedicht ungeachtet der Druckfehler verstanden. Es war mehr treffend als artig, daß ich ihr erwiderte: auch ohne Druckfehler würde sie dieses Gedicht nicht verstehen.

Nach Grillparzers Tode bat ich meiner Amtsvorstände einen um einen Urlaub, damit ich der Leichenfeier in Wien beiwohnen könne. Er verweigerte mir denselben — wozu er allerdings das Recht hatte; setzte aber höchst überflüssigerweise hinzu: „Von diesem Hofrat haben wir nicht viel gehabt.“

Als am 23. Mai 1889 im Wiener Volksgarten das Denkmal Grillparzers enthüllt wurde, fehlten bei dieser Feierlichkeit alle jene distinguierten Herren und Damen, welche am folgenden Tage beim Pferderennen im Prater vollzählig erschienen.

Möchte doch die Feier des hundertsten Geburtstages unseres größten vaterländischen Dichters von dauernder Nachwirkung sein, und in uns das Bewußtsein kräftigen, daß es unsere heilige Pflicht sei, so viele als möglich heranzuziehen zum Genusse der reichen Schätze, die er im Leben uns geboten und die er sterbend uns hinterlassen hat! Einen Dichter ehrt man besser, indem man seine Werke verbreitet, als indem man bei festlichen Tafeln hochtönende Reden hält. Freilich — statt vox populi gilt vox poculi manchen als vox Dei!

Grillparzer-Monument.

(Am 24. Januar 1872.)

Sie haben Dich geehrt, wie selten Einen,
Wie selten Einen kränkten sie Dich arg;
Sie warfen, weil Du lebtest, Dich mit Steinen,
Mit Kränzen, da Du lagst im stillen Sarg.

Zwar — Beifall zollten sie, sie mußten eben;
Unwiderstehlich zog Dein Wort sie an.
Doch hintennach verschwärzten sie Dir Streben,
Gefühl, Stoff, Absicht, selbst die Wahl der Bahn.

Und als Du endlich — zwar nicht ganz geschwiegen,
An sie nur nicht gerichtet mehr das Wort,
Da höhnten sie: „Er weiß nicht mehr zu siegen!
Es giebt noch and're Dichter da und dort."

Jetzt schweigt er ganz, und da und dort die andern
Erscheinen groß, weil nun der Maßstab fehlt.
Die zu den neuen Meisterwerken wandern,
Vermissen nichts, denn da wird nichts verhehlt.

Nackt, wie im Leben sich die Laster blähen,
Zeigt auch die Bühne sie, nackt und gemein.
Wer läßt um Schuld der Dichtung Schleier wehen?
Wer webt um Wirklichkeit den holden Schein?

Noch an dem Tag, als man mit Königsehren
Den Mann begrub, der jeden Prunk gehaßt,
Galt's heuchlerisch die Fremden zu belehren,
Wie man entledigt sich der Dankeslast.

Die Dich im Herzen trugen, die Getreuen,
Im Stillen Dich beweint — man zählt sie leicht.
Nun mögen bauen, die zu spät bereuen,
Ein Denkmal dir, das bis zum Himmel reicht!

Adolf Foglar.

Zeitfracht Medien GmbH
Ferdinand-Jühlke-Straße 7
99095 Erfurt, Deutschland
produktsicherheit@kolibri360.de